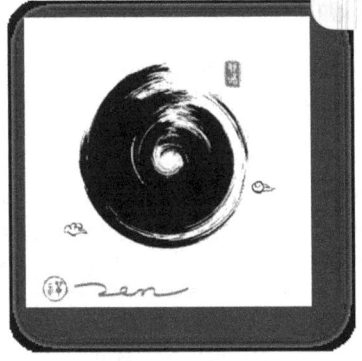

Wenn der Meister zum Herzen spricht

52 Zen-Geschichten für mehr Achtsamkeit durch Selbstreflexion und positives Denken. Entdecke die Positive Psychologie, um inneren Frieden zu finden

Tenzin Dolma Lhamo

©Copyright 2025 - Tenzin Dolma Lhamo - Alle Rechte vorbehalten

Der in diesem Buch enthaltene Inhalt darf ohne direkte schriftliche Genehmigung des Autors oder des Verlags nicht reproduziert, vervielfältigt oder übertragen werden.

Unter keinen Umständen kann der Herausgeber oder der Autor für Schäden, Wiedergutmachung oder finanzielle Verluste aufgrund der in diesem Buch enthaltenen Informationen verantwortlich gemacht werden, weder direkt noch indirekt.

Rechtlicher Hinweis

Dieses Buch ist durch Copyright geschützt. Dieses Buch ist nur für den persönlichen Gebrauch bestimmt. Der Inhalt dieses Buches darf nicht ohne Zustimmung des Autors oder des Verlags verändert, verbreitet, verkauft, verwendet, zitiert oder paraphrasiert werden.

Hinweis zum Disclaimer

Die in diesem Dokument enthaltenen Informationen sind ausschließlich für Ausbildungs- und Unterhaltungszwecke bestimmt. Es wurden alle Anstrengungen unternommen, um genaue, aktuelle und zuverlässige, vollständige Informationen zu präsentieren. Keine Garantien jeglicher Art werden hiermit abgegeben oder impliziert. Der Leser nimmt zur Kenntnis, dass der Autor keine rechtliche, finanzielle, medizinische oder professionelle Beratung vornimmt. Der Inhalt dieses Buches wurde aus verschiedenen Quellen entnommen. Bitte konsultieren Sie einen lizenzierten Fachmann, bevor Sie die in diesem Buch beschriebenen Techniken ausprobieren.

Durch das Lesen dieses Dokuments erklärt sich der Leser damit einverstanden, dass der Autor unter keinen Umständen für direkte oder indirekte Verluste verantwortlich ist, die durch die Verwendung der in diesem Dokument enthaltenen Informationen entstehen, einschließlich, aber nicht beschränkt auf - Fehler, Auslassungen oder Ungenauigkeiten.

Inhalt

Vorwort 6
EINLEITUNG 10
   Die Reise beginnt: Zen und Positive Psychologie verstehen ... 10
   Positive Psychologie: Eine Brücke zum inneren Frieden 12

KAPITEL 1: Selbstreflexion und Achtsamkeit 13
   1. Der Fluss des Geistes 13
   2. Der Klang der Stille 17
   3. „Wenn du Tee trinkst, trink nur Tee" 20
   4. Sehen durch Handeln, Verstehen durch Zuhören 23
   5. Verborgene Schönheit 26
   6. Das Geschenk des Himmels 29
   7. Das Spiegelbild des Wassers 32
   8. Die Laterne und der Schatten 35

KAPITEL 2: Selbstakzeptanz, Persönliches Wachstum und Disziplin 38
   9. Der Spiegel des Tempels 38
   10. Der Krug aus Ton 41
   11. Wenn der Schüler bereit ist, erscheint der Meister ... 44
   12. Der Hase und die goldene Gießkanne 47
   13. Wenn du siebenmal fällst, stehe achtmal auf 50
   14. Die Verwandlung des Schmetterlings 53
   15. Der Erste Schritt 56
   16. Die Überlaufende Tasse 59

17. Der Tropfen und der Felsen 62
18. Der Wachsende Bambus 65
19. Der Stein im Fluss 68

KAPITEL 3: Negative Gedanken 71

20. Der Garten der Gedanken... 71
21. Die Wolkenbrücke 75
22. Der Sturm und der See... 78
23. Der Stille See 81
24. Das Loslassen 84
25. Der neue Anfang 87
26. Der Berg und der Wind.. 90

KAPITEL 4: Beziehungen und Liebe...................................... 93

27. Der Korb mit Früchten 94
28. Gewicht der Tränen 97
29. Das Kind und das Herz aus Stein................................... 100
30. Die Blume, die die Sonne umarmt................................. 103
31. Die Lampe im Tempel.. 106
32. Der Gelöste Knoten 109
33. Das Spinnennetz des Lebens... 112

KAPITEL 5 : Inneren Frieden Erreichen 115

34. Die Lotusblume im Schlamm 115
35. Das Fallende Blatt..
36. Die Stille des Meisters.. 121
37. Der Jongleur des Tempels.. 124
38. Der Meister und das Zerbrochene Glas........................ 127
39. Die Papierblume... 130
40. Der Wind und die Wellen.. 133

41. Der Tautropfen *136*
42. Der Kreis der Zeit.. *138*
43. Die Stille des Herzens *141*

KAPITEL VI: Intuition, Weisheit und Erleuchtung 144

44. Der Unsichtbare Weg.. *144*
45. Die Laterne und der Nebel *147*
46. Die Verborgene Pergamentrolle........................ *150*
47. Die Geschlossene Tür *153*
48. Der Dunkle Übergang....................................... *156*
49. Der Widerschein des Mondes........................... *159*
50. Der unsichtbare Pfadt *163*
51. Die Rückkehr zur Quelle *166*
52. Der Garten und die Vergänglichkeit *169*

Abschließende Gedanken 172

Die Bedeutung der täglichen Praxis 172
Den Weg zu Achtsamkeit und innerer Ruhe fortsetzen 173

Vorwort

Liebe Leserin, lieber Leser,

Willkommen zu einer einzigartigen und transformierenden Reise, bei der jedes Wort dieses Buches einen kleinen Schritt auf dem Weg zur authentischsten Entdeckung deines Selbst darstellt. „Wenn der Meister zum Herzen spricht" ist nicht nur ein einfaches Buch, sondern ein Wegweiser, der – wie eine Laterne in der Dunkelheit – deine Schritte erleuchten wird, hin zu einem Pfad der Achtsamkeit, Weisheit und des inneren Friedens durch die Anwendung der Positiven Psychologie.

Die 52 Zen-Geschichten (eine für jede Woche des Jahres), die du in diesem Buch findest, sind nicht bloß einfache Erzählungen oder Gleichnisse, sondern wahre Werkzeuge für deine persönliche und spirituelle Transformation. Jede Geschichte ist wie ein Schlüssel, der dir die Tür zu neuen Perspektiven öffnet, zu einem bewussteren und positiveren Lebensstil. Durch Selbstreflexion und Positives Denken wirst du mühelos die Tiefe deiner angeborenen Weisheit entdecken.

Wir leben in einer hektischen Zeit, in der uns der Lärm der Außenwelt ständig von unserem wahren Lebenszweck ablenkt. Doch gerade in diesem Chaos wird die Weisheit des Herzens unverzichtbar. Jede Seite dieses Buches wurde geschrieben, um dir zu helfen, diese tiefe Verbindung zu deinem inneren Wesen wiederherzustellen, damit du die Stimme des „Meisters" in dir hören kannst.

Alle Geschichten, die du lesen wirst, sind so strukturiert, dass sie dir einen umfassenden Weg der inneren Entwicklung bieten. Jeder Abschnitt beginnt mit einer Zen-Geschichte und wird mit einer tiefgründigen Reflexion fortgesetzt, die dir helfen soll, eine Verbindung zu deinen eigenen Erfahrungen herzustellen und deine Fähigkeit zur Selbstreflexion zu fördern. Auf diese Reflexion folgt ein Abschnitt zur Positiven Psychologie, der dir praktische Werkzeuge und Denkanstöße bietet, um den Alltag mit einer positiveren und bewussteren Einstellung zu meistern.

Jede Zen-Geschichte enthält zudem zwei praktische Übungen, die darauf ausgelegt sind, das Gelernte sofort in die Praxis umzusetzen und dein persönliches Wachstum zu fördern. Diese Übungen werden dir helfen, die gelernten Lektionen zu erleben und zu verinnerlichen und die theoretische Weisheit in echte, greifbare Veränderungen in deinem täglichen Leben zu verwandeln.

Ob du ein Praktizierender des Zen-Buddhismus bist oder einfach nur nach einem tieferen Verständnis des Lebens suchst, dieses Buch wird dir wertvolle Werkzeuge bieten, um inneren Frieden zu kultivieren und die täglichen Herausforderungen mit Weisheit und Anmut zu meistern. Ich lade dich ein, diese Geschichten mit offenem Geist und empfänglichem Herzen zu lesen, und jede von ihnen möge deinen Geist berühren und das Licht der Achtsamkeit in dir entfachen.

Nimm dir die Zeit, jede Geschichte in Ruhe zu lesen, jede Erzählung zu meditieren und diese Reflexionen in deinem Herzen aufblühen zu lassen. Dieses Buch ist keine gewöhnliche Lektüre, sondern ein spiritueller Reisebegleiter, der dich auf deinem Weg zu persönlichem und spirituellem Wachstum begleiten wird.

Nun lade ich dich ohne weiteres Zögern ein, mir zu vertrauen und diesen außergewöhnlichen Weg zu beginnen. Lass den Meister zu deinem Herzen sprechen und entdecke den inneren Frieden und die Erleuchtung, die auf dich warten.

Mit Liebe und Dankbarkeit,

Tenzin Dolma Lhamo

Extra-Bonus

HOLEN SIE SICH JETZT IHREN BONUS!

Um diesen kostenlosen BONUS herunterzuladen,

gehen Sie zu Seite 93 und SCANNEN

Sie den QR-CODE

EINLEITUNG

Die Reise beginnt: Zen und Positive Psychologie verstehen

Die Reise zu innerem Frieden und Selbsterkenntnis beginnt mit Achtsamkeit, einem Konzept, das tief in der Zen-Philosophie und der Positiven Psychologie verwurzelt ist. In diesem Buch werden wir erforschen, wie diese beiden Ansätze miteinander verwoben sind und sich gegenseitig ergänzen, um wertvolle Werkzeuge zu bieten, mit denen wir den täglichen Herausforderungen des Lebens begegnen und einen ruhigen, erleuchteten Geist kultivieren können.

Zen ist eine spirituelle Tradition, die ihre Wurzeln im Mahayana-Buddhismus hat und besonders von den meditativen Praktiken des indischen Buddhismus beeinflusst wurde. Das Zen, wie wir es heute kennen, entwickelte sich jedoch hauptsächlich in China, wo es „Chán" genannt wurde – ein Wort, das vom Sanskrit-Begriff „Dhyāna" abgeleitet ist und „Meditation" bedeutet. Chán verbreitete sich im 13. Jahrhundert nach Japan, wo es als Zen bekannt wurde.

Der legendäre Gründer des Zen ist der indische Mönch Bodhidharma, der laut Tradition die Praxis des Chán im 6. Jahrhundert nach China brachte. Bodhidharma wird nicht nur als Gründer des Zen verehrt, sondern auch für seine Lehren über die Bedeutung der Meditation und des spirituellen Erwachens. Seine Lehren betonten die direkte Erfahrung der Realität durch Meditation und das Überwinden von Illusionen des Geistes.

Die grundlegenden Prinzipien des Zen drehen sich um:

- *Meditation (zazen);*

- *Achtsamkeit (satori);*

- *und Intuition (kensho).*

Zen lehrt, dass Erleuchtung nicht etwas ist, das in der Zukunft erreicht werden muss, sondern in jedem Moment gegenwärtig ist und durch tiefes Verständnis und Akzeptanz der Realität, so wie sie ist, zugänglich wird.

Einige der wichtigsten Zen-Meister, die diese Tradition geprägt haben, sind Dogen Zenji, der Gründer der Soto-Zen-Schule in Japan, und Hakuin Ekaku, der die Rinzai-Zen-Schule durch seinen Ansatz der Koan-Praxis (paradoxe Rätsel, die dazu dienen, den rationalen Verstand zu überwinden und das spirituelle Erwachen zu fördern) revitalisierte.

Auch in der Wissenschaft hat das Zen Interesse geweckt, insbesondere im Bereich der Neurowissenschaften, wo die Praxis der Zen-Meditation auf ihre positiven Auswirkungen auf Geist und Körper untersucht wurde. Jüngste Studien der Yale-Universität haben gezeigt, dass Zen-Meditation Stress reduzieren, die Konzentration verbessern und sogar die Struktur des Gehirns verändern kann, indem sie Bereiche stärkt, die mit emotionaler Regulierung und Achtsamkeit in Verbindung stehen.

Positive Psychologie: Eine Brücke zum inneren Frieden

Die Positive Psychologie ist ein relativ junges Teilgebiet der Psychologie, das in den 1990er Jahren dank der bahnbrechenden Arbeit von Martin Seligman, der oft als Vater der Positiven Psychologie gilt, entstanden ist. Dieses Forschungsfeld konzentriert sich darauf, was das Leben lebenswert macht, und untersucht Aspekte wie Wohlbefinden, Glück, Resilienz und den Sinn des Lebens.

Im Gegensatz zur traditionellen Psychologie, die sich oft auf die Diagnose und Behandlung psychischer Erkrankungen konzentriert, zielt die Positive Psychologie darauf ab, die Faktoren zu verstehen und zu fördern, die das menschliche Aufblühen ermöglichen. Dazu gehört die Untersuchung positiver Emotionen wie Dankbarkeit, Optimismus und Liebe sowie persönlicher Charakterstärken wie Weisheit und Stärke.

Die Positive Psychologie stützt sich auf rigorose wissenschaftliche Forschungen, um Praktiken und Gewohnheiten zu identifizieren, die das persönliche und kollektive Wohlbefinden steigern können. Studien haben zum Beispiel gezeigt, dass Praktiken wie Dankbarkeit, Meditation und die Pflege positiver sozialer Beziehungen nachhaltige Effekte auf das Glück und die Zufriedenheit im Leben haben können.

Unter den wichtigsten Autoren in diesem Bereich finden sich neben Martin Seligman auch Mihály Csíkszentmihályi, bekannt für das Konzept des "Flows", eines Zustands völliger Vertiefung in eine Tätigkeit, der zu einem hohen Maß an Zufriedenheit und Kreativität führt. Eine weitere einflussreiche Autorin ist Barbara Fredrickson, die für ihre Theorie der positiven Emotionen und ihre Forschungen über die Auswirkungen von Positivität auf die geistige und körperliche Gesundheit bekannt ist.

Die Positive Psychologie ergänzt das Feld der Psychologie, indem sie nicht die Schwierigkeiten und psychischen Probleme ignoriert, sondern ein umfassenderes Bild des menschlichen Geistes zeichnet. Sie konzentriert sich darauf, was gut funktioniert und wie wir diese Aspekte kultivieren können, um unsere Lebensqualität zu verbessern.

KAPITEL I

Selbstreflexion und Achtsamkeit

Der Fluss des Geistes

In einem abgelegenen Kloster, versteckt zwischen majestätischen Bergen, lebte ein junger Mönch namens Rinchen, dessen Geist ständig in Unruhe war. Sein Herz war oft von Reue über die Vergangenheit und Sorgen um die Zukunft bedrückt. Jedes Mal, wenn er versuchte zu meditieren, wurde sein Geist von einem unaufhörlichen Strom von Gedanken überflutet, die ihn vom gegenwärtigen Moment und der inneren Ruhe, die er so sehr suchte, entfernten.

Eines Tages bemerkte Lama Tsultrim, sein Meister, die tiefe Unruhe in Rinchen und beschloss, ihn auf einen Pfad zu führen, der zu einem ruhigen Fluss nicht weit vom Kloster entfernt führte. Sie hielten am Ufer an, wo das Wasser friedlich floss und dabei Blätter, Zweige und kleine Steine mit sich trug, als wären sie Teil eines natürlichen Tanzes.

"Schau dir diesen Fluss an, Rinchen," sagte Lama Tsultrim mit einer ruhigen und beruhigenden Stimme. "Was siehst du?"

Rinchen betrachtete aufmerksam das unaufhörlich fließende Wasser, das alles mit sich nahm, was auf seinem Weg lag. "Ich sehe das Wasser, das unaufhörlich fließt und Blätter, Zweige und Steine mit sich reißt," antwortete er und reflektierte über das Bild, das sich vor ihm bot.

Lama Tsultrim nickte mit einem verständnisvollen Lächeln und erklärte: "Dein Geist ist ähnlich wie dieser Fluss. Die Gedanken, die deinen Geist durchziehen, sind wie die Blätter und Zweige, die der Fluss mit sich führt. Wenn du deine gesamte Aufmerksamkeit auf das richtest, was die Strömung mit sich bringt, riskierst du, die Schönheit und Ruhe des Flusses selbst aus den Augen zu verlieren. Wenn du jedoch in der Lage bist, das fließende Wasser zu beobachten, ohne dich an das zu klammern, was es transportiert, wirst du seine Reinheit und Ruhe erkennen. Achtsamkeit bedeutet genau das: deinen Geist wie einen Fluss zu beobachten und die Gedanken fließen zu lassen, ohne ihnen zu folgen oder sie zu bewerten."

Die Worte des Meisters klangen tief in Rinchen nach, wie ein Echo, das sich im Tal ausbreitet. In diesem Moment erkannte er die Bedeutung davon, seine Gedanken zu beobachten, ohne sich von ihnen mitreißen zu lassen. Er beschloss, diese Lehre in seine tägliche Meditationspraxis zu integrieren, um zu lernen, die Gedanken loszulassen und sich auf den gegenwärtigen Moment zu konzentrieren.

Im Laufe der Zeit stellte Rinchen fest, dass sein Geist, der einst so unruhig war, immer mehr diesem Fluss glich: klar, ruhig und friedlich. Seine Praxis der Achtsamkeit ermöglichte es ihm, eine innere Ruhe zu finden, die ihm zuvor immer entglitten war, und mit ihr eine neue Wahrnehmung der Schönheit des gegenwärtigen Augenblicks.

Zen-Philosophie
Im Zen-Buddhismus wird der Geist oft mit einem Fluss verglichen, der ständig in Bewegung ist. Die Gedanken, die im Geist auftauchen, sind wie die Blätter und Zweige, die auf dem Wasser treiben – vergänglich und unaufhaltsam. Zen lehrt uns, nicht an diesen Gedanken festzuhalten oder sie zu bewerten, sondern sie einfach wahrzunehmen, wie sie kommen und gehen, ohne unsere innere Ruhe zu stören. Achtsamkeit bedeutet, den Fluss des Geistes zu beobachten, ohne sich in den Strömungen der Gedanken zu verlieren. Dies ist der Weg, um Klarheit und Gelassenheit zu finden, indem

wir die natürlichen Bewegungen des Geistes akzeptieren und uns nicht an sie binden. Nur wenn wir den Fluss des Lebens ohne Widerstand fließen lassen, können wir die wahre Stille und den Frieden erkennen, die in jedem Moment gegenwärtig sind.

Reflexionen

Die Geschichte von Rinchen und Lama Tsultrim lädt uns dazu ein, darüber nachzudenken, wie wir uns oft von unseren Gedanken mitreißen lassen und den gegenwärtigen Moment aus den Augen verlieren. Wie der unaufhörlich fließende Fluss ist unser Geist oft überfüllt mit Gedanken, die uns in die Vergangenheit oder die Zukunft führen und uns daran hindern, den gegenwärtigen Moment vollständig zu erleben. Aber was würde passieren, wenn wir lernen würden, unsere Gedanken zu beobachten, ohne sie zu bewerten oder ihnen zu folgen? Wir könnten eine innere Gelassenheit entdecken, die es uns ermöglicht, die Realität klarer und ruhiger zu sehen.

Lama Tsultrim lehrt uns, dass wahrer innerer Frieden in der Fähigkeit liegt, den Geist ohne Anhaftung zu beobachten. Wenn wir aufhören, gegen unsere Gedanken zu kämpfen, und lernen, sie wie einen Fluss fließen zu lassen, können wir eine Klarheit und Ruhe finden, die uns sonst entgehen würde.

Hast du jemals bemerkt, wie deine Gedanken deine Wahrnehmung des gegenwärtigen Moments verzerren können?

Wie würde sich dein Leben verändern, wenn du es schaffen würdest, Achtsamkeit zu praktizieren und deine Gedanken mit Abstand zu beobachten?

Positive Psychologie

Achtsamkeit ist eine anerkannte Praxis mit zahlreichen Vorteilen für die geistige und emotionale Gesundheit. Sie hilft, Stress, Angst und Sorgen zu reduzieren, indem sie uns lehrt, im gegenwärtigen Moment zu leben und unsere Gedanken ohne Urteil zu beobachten. Diese Praxis ermöglicht es uns, auf ausgewogenere und ruhigere Weise zu leben und unsere Fähigkeit zu verbessern, den täglichen Herausforderungen mit größerer Klarheit und Gelassenheit zu begegnen.

Übung 1: Atemmeditation

- Finde einen ruhigen Ort und widme einige Minuten der Atemmeditation. Setze dich bequem hin, schließe die Augen und richte deine Aufmerksamkeit auf deinen Atem, indem du das Einatmen und Ausatmen verfolgst. Jedes Mal, wenn dein Geist anfängt zu wandern, bringe sanft die Aufmerksamkeit zurück zum Atem. Diese Praxis wird dir helfen, Achtsamkeit zu kultivieren und den Einfluss ablenkender Gedanken zu reduzieren, wodurch mehr Ruhe und Klarheit in deinem Geist entstehen.

Übung 2: Beobachtung der Gedanken

- Nimm dir während des Tages einige Minuten Zeit, um deine Gedanken zu beobachten. Wenn du bemerkst, dass ein Gedanke auftaucht, halte inne und beobachte ihn, ohne ihn zu bewerten oder ihm zu folgen. Stell dir vor, er sei wie ein Blatt, das von der Strömung eines Flusses mitgerissen wird. Lass ihn vorbeiziehen, ohne dich an ihn zu klammern. Diese Übung wird dir helfen, die Fähigkeit zu entwickeln, deine Gedanken mit Abstand zu betrachten, und deine Fähigkeit verbessern, im gegenwärtigen Moment zu leben und Herausforderungen mit einem ruhigeren Geist zu begegnen.

Der Klang der Stille

In einem alten Tempel, hoch auf einem Hügel gelegen und umgeben von der Ruhe der Natur, lebte ein junger Mönch namens Sherab. Seine Gedanken suchten stets nach Geräuschen und Klängen, die ihm halfen, sich während der Meditation zu konzentrieren. Oft ließ er sich von den Gesängen der Vögel, dem Rascheln des Windes in den Blättern oder dem Murmeln der Bäche ablenken. Eines Tages, als sein Meister Lama Kelsang seine Unruhe bemerkte, beschloss er, ihm eine wichtige Lektion zu erteilen.

"Sherab," sagte der Lama mit einem Lächeln, "folge mir in den Wald." Sie gingen gemeinsam zu einer friedlichen Lichtung, umgeben von hohen, alten Bäumen. Sie setzten sich in die Stille, die Natur umarmte sie mit ihrer Präsenz. Nach einer Weile fragte Lama Kelsang: "Sherab , was hörst du?"

Der junge Mönch überlegte einen Moment und antwortete: "Ich höre die Geräusche des Waldes, Meister. Die Vögel, den Wind, die sich bewegenden Blätter."

Der Lama lächelte wieder, blickte ihm in die Augen und sagte: "Und jetzt, höre den Klang der Stille zwischen diesen Geräuschen. Höre auf den leeren Raum, der zwischen den Tönen existiert. Dort findest du die wahre Einfachheit und den Frieden."

Sherab lauschte aufmerksam, konzentrierte sich mit ganzer Aufmerksamkeit. Allmählich begann er, etwas Neues zu spüren, eine tiefe Stille, die alles durchdrang, eine Stille, die nicht Abwesenheit von Geräuschen war, sondern eine ruhige und stabile Präsenz. Diese Stille schien jedes Geräusch zu umhüllen und den Raum dazwischen zu füllen.

Ergriffen von diesem neuen Bewusstsein erkannte Sherab, dass der Frieden, den er suchte, nicht in den Geräuschen, sondern in der Stille lag, die sie umfasste. Diese Stille, so einfach und rein, war der Schlüssel, um inneren Frieden zu finden, jenseits des Chaos und der Ablenkungen der Welt.

Zen-Philosophie

Im Zen-Buddhismus ist Stille nicht einfach das Fehlen von Geräuschen, sondern ein Zustand des bewussten und empfänglichen Seins. Durch die Stille können wir die innere Wahrheit erkennen, denn nur wenn der Geist ruhig ist, können wir die Dinge so sehen, wie sie wirklich sind. Einfachheit, in ihrer reinsten Form, ist ein Weg zur Weisheit, eine Rückkehr zur Essenz ohne Schnörkel und Komplikationen.

Reflexionen

Die Geschichte von Sherab und Lama Kelsang lädt uns ein, über den Wert von Stille und Einfachheit in unserem täglichen Leben nachzudenken. In einer Welt, die oft vom Lärm und der Hektik dominiert wird, ist es leicht, die Bedeutung einer Pause, des Hörens nicht nur auf Geräusche, sondern auch auf den Raum dazwischen, zu vergessen. Dieser Raum, diese Stille, ist der Ort, an dem der wahre Frieden wohnt.

Wie können wir mehr Stille und Einfachheit in unser Leben integrieren? Was würde geschehen, wenn wir aufhören würden, ständig nach äußeren

Reizen zu suchen, und stattdessen den inneren und äußeren Raum der Stille hören? Lama Kelsang lehrt uns, dass echter Frieden nicht dadurch erreicht wird, dass wir mehr Dinge in unser Leben einfügen, sondern indem wir das Überflüssige loslassen und der Stille Raum geben.

Hast du jemals bemerkt, wie Stille Klarheit und Gelassenheit bringen kann? Wie könntest du mehr Stille und Einfachheit in deinen Alltag integrieren, um mehr inneren Frieden zu finden?

Positive Psychologie

Die Praxis von Stille und Einfachheit hat tiefgreifende Auswirkungen auf unser emotionales und mentales Wohlbefinden. Die Reduzierung der sensorischen Überlastung und die Schaffung von Ruhepausen im Alltag fördern einen ruhigeren und konzentrierteren Geist, der uns erlaubt, Herausforderungen mit mehr Gleichgewicht zu begegnen. Einfachheit hilft uns, uns auf das Wesentliche zu konzentrieren, wodurch sich die Qualität unseres Lebens und unser Zufriedenheitsgefühl verbessert.

Übung 1: Bewusstes Schweigen

- Finde jeden Tag einen Moment, um bewusstes Schweigen zu üben. Wähle einen ruhigen Ort, setze dich bequem hin und schließe die Augen. Höre die Geräusche um dich herum, aber achte besonders auf die Stille zwischen ihnen. Lass diese Stille dich umhüllen und bringe dich in einen Zustand innerer Ruhe. Diese Übung wird dir helfen, ein größeres Bewusstsein für Stille als Quelle des Friedens zu entwickeln.

Übung 2: Lernen Sie, das Überflüssige zu entfernen

- Identifiziere einen Aspekt deines Tages, den du vereinfachen könntest. Es könnte darum gehen, die Zeit, die du mit digitalen Geräten verbringst, zu reduzieren, deinen Arbeitsplatz zu organisieren oder unnötige Aktivitäten zu eliminieren. Konzentriere dich auf das Wesentliche und lasse los, was Verwirrung oder Stress verursacht. Diese Erfahrung wird dir zeigen, wie Einfachheit zu mehr Klarheit und Wohlbefinden in deinem Leben führen kann.

„Wenn du Tee trinkst, trink nur Tee"

In einem kleinen Kloster, eingebettet in die Berge, lebte ein junger Mönch namens Sherab. Trotz seiner Hingabe an die Praxis fiel es Sherab schwer, sich ganz auf das zu konzentrieren, was er tat. Sein Geist war ständig abgelenkt und sprang von einem Gedanken zum anderen, was es ihm unmöglich machte, den gegenwärtigen Moment vollständig zu genießen.

Eines Tages, während einer Nachmittagspause, lud ihn sein Meister Lama Dorje ein, eine Tasse Tee zu trinken. Während sie im stillen Garten des Klosters saßen, goss Lama Dorje mit Ruhe den Tee in die Tassen und sah Sherab in die Augen. "Wenn du Tee trinkst, trink nur Tee", sagte er.

Sherab, verwirrt, schaute seinen Meister an. Lama Dorje lächelte und fuhr fort: "Oft, wenn wir etwas tun, ist unser Geist woanders. Wenn wir Tee trinken, denken wir an die Arbeit, an Probleme oder daran, was wir als Nächstes tun werden. Aber wahre Achtsamkeit liegt darin, im Moment vollständig präsent zu sein, jeden Schluck so zu genießen, als wäre er das Einzige, was zählt. Wenn du Tee trinkst, trink nur Tee. Nicht mehr und nicht weniger."

Sherab nahm einen Schluck Tee, diesmal konzentrierte er sich nur auf die Wärme der Tasse, den Geschmack, der sich in seinem Mund ausbreitete, und den Duft, der die Luft erfüllte. Zum ersten Mal erkannte er, wie reich dieser einfache Moment war, frei von den Ablenkungen des Geistes.

Von diesem Tag an begann Sherab, Achtsamkeit in jedem Aspekt seines Lebens zu praktizieren, lernte, völlig präsent zu sein, sei es beim Tee trinken, beim Gehen oder beim Meditieren. Er entdeckte, dass in der Einfachheit des gegenwärtigen Moments eine Tiefe verborgen war, die er zuvor nie gekannt hatte.

Zen-Philosophie

Die Zen-Philosophie lehrt, dass das Leben aus kostbaren Momenten besteht, von denen jeder unsere volle Aufmerksamkeit verdient. „Wenn du Tee trinkst, trink nur Tee" ist eine Einladung, volle Achtsamkeit zu üben, sich vollständig in das Erlebnis des gegenwärtigen Moments zu vertiefen, ohne den Geist anderswohin schweifen zu lassen. Diese Praxis hilft uns, in Harmonie mit uns selbst und der Welt um uns herum zu leben.

Reflexionen

Die Geschichte von Sherab und Lama Dorje lädt uns ein, darüber nachzudenken, wie oft wir abgelenkt leben und den Kontakt mit dem gegenwärtigen Moment verlieren. Wie oft trinken wir eine Tasse Tee, essen eine Mahlzeit oder sprechen mit jemandem, während unser Geist woanders ist? Und was wäre, wenn wir uns stattdessen dazu verpflichten würden, jeden Moment mit voller Achtsamkeit zu leben? Wie würde sich unsere Lebenserfahrung verändern, wenn wir in jedem Augenblick vollständig präsent wären?

Lama Dorje lehrt uns, dass der wahre Reichtum des Lebens im Hier und Jetzt zu finden ist, indem wir jede kleine Sache als kostbares Geschenk wertschätzen. Wenn wir vollständig präsent sind, wird jeder Moment einzigartig und unwiederholbar und bringt eine Ruhe und Freude mit sich, die uns sonst entgehen würden.

Hast du schon einmal versucht, vollständig präsent zu sein, während du eine einfache Tätigkeit wie das Trinken einer Tasse Tee ausführst? Wie hast du dich gefühlt? Was würde sich in deinem Leben ändern, wenn du diese Achtsamkeit auf alles anwenden würdest, was du tust?

Positive Psychologie

Die positive Psychologie betont die Bedeutung von Achtsamkeit für das emotionale und mentale Wohlbefinden. Im Moment vollständig präsent zu sein, reduziert Stress, verbessert die Konzentration und steigert die Zufriedenheit im Alltag. Diese Praxis ermöglicht es uns, mit mehr Absicht und Wertschätzung zu leben und selbst die einfachsten Tätigkeiten in bedeutungsvolle Erlebnisse zu verwandeln.

Übung 1: Achtsamkeit beim Tee

- Nimm dir jeden Tag einen Moment Zeit, um Achtsamkeit durch das Trinken einer Tasse Tee oder Kaffee zu üben. Setz dich an einen ruhigen Ort, nimm dein Getränk und konzentriere dich nur darauf. Achte auf die Wärme der Tasse in deinen Händen, den Duft, den Geschmack. Trinke langsam, genieße jeden Schluck, als wäre es das Einzige, was in diesem Moment zählt. Diese Übung wird dir helfen, die Fähigkeit zu entwickeln, vollständig im Moment präsent zu sein.

Übung 2: Achtsamkeit im Alltag

- Wähle eine alltägliche Tätigkeit, wie Gehen, Abwaschen oder Duschen, und übe sie mit voller Achtsamkeit. Konzentriere dich auf jedes Detail: die körperlichen Empfindungen, die Geräusche, die Gerüche. Wenn dein Geist zu wandern beginnt, bringe ihn sanft zu der Tätigkeit zurück, die du ausführst. Diese Übung wird dir helfen, Achtsamkeit in deinen Alltag zu integrieren und jeden Moment als Gelegenheit zu nutzen, präsent zu sein und das Leben in vollen Zügen zu genießen.

Sehen durch Handeln, Verstehen durch Zuhören

In einem ruhigen Kloster, umgeben von Bergen, lebte ein junger Mönch namens Thubten. Er war bekannt für seinen Wissensdurst und sein ständiges Streben nach Weisheit. Jeden Tag las er alte Schriften und meditierte stundenlang, in der Hoffnung, Erleuchtung zu erlangen. Doch trotz all seiner Bemühungen fühlte er sich oft verwirrt und unsicher über viele der Lehren, die er zu verstehen versuchte.

Eines Tages beobachtete ihn Lama Sonam, sein weiser Meister, aufmerksam und lud ihn zu einem Spaziergang im Wald ein. Während sie gingen, hielt Lama Sonam an einem Bach an und sagte: "Thubten, wenn du wirklich sehen willst, reicht es nicht, aus der Ferne zu beobachten. Du musst dich in die Erfahrung vertiefen. Und wenn du wirklich verstehen willst, reicht es nicht, nur den Worten zuzuhören. Du musst auch die Stille hören."

Thubten, unsicher, wie er antworten sollte, schwieg. Lama Sonam bückte sich, nahm Wasser in die Hände und ließ es zwischen seinen Fingern hindurchfließen. "Siehst du dieses Wasser?" fragte er. "Du kannst es beobachten, aber um seine Frische zu verstehen, musst du dich hineinversetzen. Und wenn du dich hineinversetzt, musst du nicht nur dem Klang des Wassers lauschen, sondern auch der Stille, die es umgibt."

Thubten begann tief über die Worte seines Meisters nachzudenken. Er erkannte, dass das wahre Bewusstsein nicht nur aus dem Studium und der Meditation entstand, sondern aus der direkten Erfahrung und dem tiefen Zuhören dessen, was nicht gesagt wird. Er beschloss, weniger Zeit mit Büchern zu verbringen und mehr Zeit damit, jeden Moment vollständig zu erleben, zu lernen, durch Handeln zu sehen und durch achtsames Zuhören zu verstehen.

Zen-Philosophie
Im Zen-Buddhismus wird Wissen nicht allein durch intellektuelles Studium oder Meditation erlangt, sondern durch direkte Erfahrung und achtsames Zuhören. Zen betont die Bedeutung des Handelns und des tiefen Hineinhörens in das, was uns umgibt – nicht nur in Worte, sondern auch in die Stille zwischen den Klängen. Das Verstehen entsteht, wenn wir uns vollständig auf den gegenwärtigen Moment einlassen und uns nicht nur auf das Gesagte konzentrieren, sondern auch auf das Ungesagte, auf die feinen, oft unsichtbaren Lehren, die in jeder Handlung und in jedem stillen Augenblick verborgen sind. Indem wir lernen, durch Handeln zu sehen und durch Zuhören zu verstehen, öffnen wir unser Bewusstsein für die tieferen Wahrheiten des Lebens.

Reflexionen

Die Geschichte von Thubten und Lama Sonam lädt uns dazu ein, darüber nachzudenken, wie oft wir uns zu sehr auf intellektuelles Wissen konzentrieren und die Bedeutung der direkten Erfahrung und des tiefen Zuhörens vernachlässigen. Wahres Bewusstsein kann nicht nur durch Lesen oder Meditation erreicht werden, sondern erfordert ein aktives Engagement in der Gegenwart und eine Offenheit für das Zuhören, sowohl den Worten als auch der Stille.

Positive Psychologie

In der positiven Psychologie ist die Bedeutung von Handeln und Zuhören grundlegend, um ein erfülltes und bewusstes Leben zu entwickeln. Handeln ermöglicht es uns, das Gelernte in die Praxis umzusetzen, während tiefes Zuhören uns hilft, uns selbst und andere besser zu verstehen und authentischere und bedeutsamere Beziehungen zu fördern.

Übung 1: Bewusstes Handeln

- Wähle jeden Tag eine kleine Handlung, die du mit voller Achtsamkeit ausführst. Ob es darum geht, Kaffee zuzubereiten, zu gehen oder an einem Projekt zu arbeiten – vertiefe dich vollständig in diese Tätigkeit, beobachte jedes Detail und erlebe jede Empfindung. Dies wird dir helfen, eine größere Präsenz im Moment zu entwickeln und die Welt mit neuen Augen zu sehen.

Übung 2: Tiefes Zuhören

- Nimm dir jeden Tag Zeit, um tiefes Zuhören zu üben. Wähle eine Person für ein Gespräch aus und bemühe dich, zuzuhören, ohne zu unterbrechen, zu urteilen oder Antworten in deinem Kopf zu formulieren. Höre nicht nur auf die Worte, sondern auch auf den Ton, die Pausen und die Stille. Diese Übung wird dir helfen, ein tieferes Verständnis zu entwickeln und die Qualität deiner Beziehungen zu verbessern.

Verborgene Schönheit

In einem abgelegenen Dorf, verborgen zwischen hohen Bergen, lebte ein alter Mönch namens Sherab. Er war für seine Weisheit und seine Fähigkeit bekannt, das Schöne in den einfachsten Dingen zu sehen. Eines Tages kam ein junger Mönch, Rinchen, zu ihm und klagte: "Meister, ich sehe nur das Schlechte in allem. Wie kann ich lernen, die Schönheit zu erkennen, die du in der Welt siehst?"

Sherab führte Rinchen in einen Garten, wo ein unscheinbarer kleiner Baum stand. "Betrachte diesen Baum," sagte der Meister. "Er ist klein, seine Blätter sind nicht besonders prächtig, und seine Blüten sind winzig. Aber wenn du genau hinsiehst, wirst du die Schönheit in den Details entdecken – in der Art, wie die Blätter sich dem Licht entgegenstrecken, und in den feinen Adern, die das Leben durch sie fließen lassen."

Rinchen betrachtete den Baum, und langsam begann er, die Details zu bemerken, die er zuvor übersehen hatte. Er erkannte, dass Schönheit nicht immer offensichtlich ist und dass sie oft in den einfachsten Dingen verborgen liegt.

Von diesem Tag an begann Rinchen, die Welt mit neuen Augen zu sehen. Er lernte, die Schönheit in allem zu erkennen, selbst in den Dingen, die andere als gewöhnlich oder unbedeutend betrachteten.

Zen-Philosophie

Im Zen-Buddhismus wird Schönheit nicht als etwas Oberflächliches oder Äußerliches angesehen, sondern als eine innere Qualität, die in der Natur aller Dinge liegt. Die Zen-Praxis lehrt uns, eine tiefe und bewusste Wahrnehmung zu kultivieren, die es uns ermöglicht, über das Erscheinungsbild hinauszuschauen und das Wesen dessen zu erfassen, was uns umgibt. Wie Sherab durch seinen Meister erfährt, ist die wahre Schönheit oft hinter unserer Ablenkung und mangelnden Aufmerksamkeit verborgen. Stille, Kontemplation und Achtsamkeit öffnen uns die Augen für die Schönheit, die in jedem Moment des Lebens steckt, selbst in den einfachsten und gewöhnlichsten Dingen. Zen lädt uns ein, einen offenen Geist zu entwickeln, der in der Lage ist, die Schönheit in allem zu erkennen, jenseits von Illusionen und Erwartungen.

Reflexionen

Diese Geschichte lehrt uns, dass wahre Schönheit oft in den einfachen und unscheinbaren Dingen liegt. Wie oft gehen wir im Leben an den kleinen Wundern des Alltags vorbei, ohne sie zu bemerken? Was würde sich ändern, wenn wir lernen würden, die Welt mit den Augen des Herzens zu sehen, statt nur mit den Augen des Verstandes?

Sherab zeigt uns, dass die Schönheit überall zu finden ist, wenn wir bereit sind, innezuhalten und genau hinzusehen. Es liegt an uns, die Welt in ihrer Tiefe zu erkunden und die verborgenen Schätze der Schönheit in allem zu entdecken, was uns umgibt.

Hast du jemals darüber nachgedacht, wie oft du die kleinen Schönheiten des Lebens übersehen hast? Wie würde sich dein Leben verändern, wenn du mehr darauf achten würdest, das Schöne in jedem Moment zu erkennen?

Positive Psychologie

Die positive Psychologie betont die Bedeutung der Fähigkeit, die Schönheit in der Welt zu erkennen und zu schätzen. Dies fördert nicht nur unser Wohlbefinden, sondern hilft uns auch, eine tiefere Verbindung zur Welt um uns herum herzustellen. Das Erkennen von Schönheit – selbst in den einfachsten Dingen – kann unser Leben bereichern und uns helfen, glücklicher und erfüllter zu leben.

Übung 1: Die Schönheit im Alltäglichen entdecken

- Nimm dir jeden Tag ein paar Minuten Zeit, um die Schönheit in deiner Umgebung bewusst wahrzunehmen. Es könnte das Licht sein, das durch die Blätter fällt, das Lächeln eines Fremden oder der Duft von frischem Kaffee. Notiere diese Beobachtungen in einem Tagebuch und reflektiere darüber, wie diese kleinen Schönheiten dein Leben bereichern.

Übung 2: Fotografiere das Unscheinbare

- Nimm dir eine Kamera oder dein Smartphone und fotografiere Dinge, die auf den ersten Blick unscheinbar wirken. Versuche, das Schöne in diesen einfachen Objekten einzufangen und eine Sammlung von Bildern zu erstellen, die die verborgene Schönheit des Alltags zeigen. Diese Übung wird dir helfen, die Welt um dich herum mit neuen Augen zu sehen und die Schönheit in den kleinsten Details zu erkennen.

Das Geschenk des Himmels

In einem abgelegenen Dorf lebte eine alte Frau in einem kleinen Haus am Rande eines weiten Weizenfeldes. Jeden Morgen wachte sie bei Tagesanbruch auf, schaute zum Himmel und dankte für den neuen Tag, ungeachtet der Wetterbedingungen oder der Schwierigkeiten, die das Leben ihr bereitete.

Eines Tages fegte ein heftiger Sturm über das Dorf und zerstörte das gesamte Weizenfeld, das die Hauptnahrungsquelle für die Dorfbewohner war. Besorgt eilten die Nachbarn zur Frau, in der Erwartung, sie verzweifelt und niedergeschlagen zu finden. Zu ihrer Überraschung fanden sie sie jedoch ruhig und mit einem Lächeln auf den Lippen.

"Wie kannst du so ruhig sein, nachdem du die gesamte Ernte verloren hast?" fragten sie erstaunt über ihre Reaktion.

Die Frau antwortete mit derselben Gelassenheit wie immer: "Ich bin dankbar für den Regen, der die durstige Erde getränkt hat, und für den Wind, der die Luft gereinigt hat. Selbst in der Zerstörung bietet uns der Himmel immer etwas Wertvolles an. Dankbarkeit hängt nicht von dem ab, was um uns herum geschieht, sondern davon, wie wir die Welt sehen. Selbst im Verlust gibt es immer etwas, wofür man dankbar sein kann."

Zen-Philosophie

Im Zen-Buddhismus wird Dankbarkeit als Ausdruck von Bewusstheit und Akzeptanz gesehen. Dankbar für alles zu sein, was geschieht, ohne Urteil, erlaubt es uns, in Harmonie mit dem Fluss des Lebens zu leben und zu erkennen, dass jedes Ereignis eine Lektion oder eine Wachstumschance mit sich bringt.

Reflexionen

Dankbarkeit hängt nicht von äußeren Umständen ab, sondern ist eine innere Qualität, die uns ermöglicht, das verborgene Geschenk in jedem Ereignis des Lebens zu sehen. Auch in den schwierigsten Momenten gibt es immer einen Grund, dankbar zu sein.

Die Geschichte der alten Frau lädt uns dazu ein, darüber nachzudenken, wie oft wir uns nur auf das konzentrieren, was wir verlieren, und dabei vergessen, das zu schätzen, was wir noch haben. Ihre Weisheit lehrt uns, dass Dankbarkeit eine Wahl ist, eine Linse, durch die wir die Welt mit neuen Augen sehen können, indem wir auch in den schwierigsten Herausforderungen Schönheit und Sinn finden.

Positive Psychologie

Die Praxis der Dankbarkeit wird weithin für ihre Vorteile auf die geistige Gesundheit und das emotionale Wohlbefinden anerkannt. Dankbar zu sein, selbst in schwierigen Zeiten, hilft uns, eine positive Perspektive zu bewahren, Stress abzubauen und die Resilienz zu steigern, sodass wir Widrigkeiten mit größerer innerer Stärke begegnen können.

Übung 1: Dankbarkeitstagebuch

- Nimm dir jeden Abend ein paar Minuten Zeit, um drei Dinge aufzuschreiben, für die du dankbar bist, selbst wenn sie klein oder scheinbar unbedeutend sind. Diese Übung hilft dir, eine dankbare Geisteshaltung zu entwickeln, die deine Stimmung und dein allgemeines Wohlbefinden verbessert.

Übung 2: Das verborgene Geschenk finden

- Das nächste Mal, wenn du einer Herausforderung oder einem Verlust begegnest, halte inne und frage dich: "Was kann ich aus dieser Erfahrung lernen? Gibt es etwas Positives, das ich aus dieser Situation ziehen kann?" Diese Herangehensweise ermöglicht es dir, Schwierigkeiten in Wachstumschancen zu verwandeln und selbst in den dunkelsten Momenten Dankbarkeit zu finden.

Das Spiegelbild des Wassers

Es war einmal ein junger Mönch namens Loden, der viel Zeit vor einem Spiegel verbrachte und versuchte, wirklich zu erkennen, wer er war. Jeden Tag studierte er sein Spiegelbild und hoffte, Antworten zu finden, doch je mehr er schaute, desto verwirrter und unruhiger fühlte er sich. Lama Rinzen, sein weiser Meister, bemerkte Lodens wachsende Unruhe und beschloss, ihm auf andere Weise zu helfen.

Eines Nachmittags führte Lama Rinzen ihn schweigend zu einem kleinen Teich, der zwischen den Bäumen des Klosters verborgen lag. Das Wasser war so klar, dass es den Himmel und die umliegende Vegetation perfekt widerspiegelte. "Schau dein Spiegelbild im Wasser an", sagte der Lama mit ruhiger Stimme. Loden beugte sich über das Wasser und betrachtete sein Gesicht, das sich auf der Oberfläche spiegelte. "Ich sehe mich selbst", antwortete Loden, "aber jede kleine Bewegung, jede Welle im Wasser verzerrt mein Bild."

Lama Rinzen nickte mit einem sanften Lächeln. "Genau so ist es, Loden. Unser Geist ist wie dieser Teich. Wenn er durch Gedanken, Emotionen oder Wünsche aufgewühlt ist, wird unsere Wahrnehmung von uns selbst und der Welt verzerrt, genau wie dein Spiegelbild im unruhigen Wasser. Nur wenn das Wasser vollkommen ruhig ist, können wir klar sehen. Das wahre Selbstverständnis liegt nicht im Spiegel, sondern in der Stille des Geistes."

Loden beobachtete weiterhin das Wasser, und je mehr sich sein Geist beruhigte, desto klarer wurde das Spiegelbild im Teich. In diesem Moment erkannte er, dass er seine Gedanken beruhigen musste, um seine wahre Natur zu erkennen.

Zen-Philosophie

Im Zen-Buddhismus wird geistige Ruhe als Schlüssel zur wahren Selbsterkenntnis und zum Verständnis der Realität betrachtet. Meditation ist das Hauptmittel, um diesen Zustand der Stille zu erreichen, indem der Geist von Unruhen und Illusionen befreit wird. Nur mit einem ruhigen Geist können wir die Welt und uns selbst so sehen, wie sie wirklich sind.

Reflexionen

Die Geschichte von Loden und Lama Rinzen lädt uns dazu ein, darüber nachzudenken, wie wichtig ein ruhiger und gelassener Geist ist, um das Leben klar zu sehen. Wie oft lassen wir zu, dass unsere Gedanken und Gefühle unsere Wahrnehmung von uns selbst und anderen verzerren? Was würde passieren, wenn wir lernten, die Wellen unseres Geistes zu beruhigen, so wie den Teich in der Geschichte? Lama Rinzen lehrt uns, dass wahre Selbsterkenntnis nicht in unmittelbaren Antworten oder oberflächlichen Reflexionen liegt, sondern in der tiefen Ruhe, die es uns ermöglicht, die Wahrheit ohne Verzerrungen zu sehen.

Hast du jemals erlebt, wie ein aufgewühlter Geist deine Sicht auf die Realität trüben kann? Wie könntest du innere Ruhe kultivieren, um die Welt und dich selbst mit größerer Klarheit und Wahrheit zu sehen?

Positive Psychologie

Die positive Psychologie betont die Bedeutung der Kultivierung von geistiger Ruhe für das emotionale und psychologische Wohlbefinden. Praktiken wie Meditation, bewusstes Atmen und Achtsamkeit helfen, Angst zu reduzieren, die geistige Klarheit zu verbessern und zu einem tieferen Verständnis von sich selbst zu gelangen. Ein ruhiger Geist ist unerlässlich, um den Herausforderungen des Lebens mit Ausgeglichenheit und Klarheit zu begegnen.

Übung 1: Meditation des stillen Sees

- Nimm dir jeden Tag einige Minuten Zeit, um die Meditation zu praktizieren, bei der du dir einen ruhigen See vorstellst. Setze dich an einen ruhigen Ort, schließe die Augen und stelle dir einen stillen, klaren See vor. Jedes Mal, wenn ein Gedanke oder eine Emotion deinen Geist beunruhigt, stelle dir diese als kleine Wellen auf der Wasseroberfläche vor. Beobachte, wie diese Wellen sich langsam auflösen und der See zu seiner ursprünglichen Ruhe zurückkehrt. Diese Übung hilft dir, einen ruhigeren und zentrierteren Geist zu entwickeln.

Übung 2: Tagebuch der mentalen Wellen

- Nimm dir am Ende jedes Tages ein paar Minuten Zeit, um in ein Tagebuch die Gedanken oder Emotionen zu schreiben, die deinen inneren Frieden gestört haben. Analysiere, wie diese "Störungen" deine Sicht auf Situationen und Menschen beeinflusst haben. Reflektiere dann darüber, wie du diese Momente mit einem ruhigeren Geist hättest angehen können, so wie das Wasser eines Sees, das nach einem Sturm wieder ruhig wird. Diese Übung hilft dir, die Denkmuster zu erkennen, die deinen Geist aufwühlen, und Strategien zu entwickeln, um die innere Gelassenheit zu bewahren.

Die Laterne und der Schatten

In einem kleinen Tempel, versteckt zwischen den nebligen Hügeln eines alten Königreichs, lebte ein Mönch namens Dorje. Sein Geist war oft von Ängsten und Zweifeln geplagt, die seine innere Ruhe trübten. Jede Nacht, während er versuchte zu meditieren, tauchten seine Ängste wie bedrohliche Schatten auf, die ihn verfolgten und daran hinderten, Frieden zu finden.

Eines Tages bemerkte Lama Tsultrim, der Meister des Tempels, Dorjes Leid und entschloss sich, ihm zu helfen. Mit einer kleinen Laterne in der Hand bat Lama Tsultrim Dorje, ihm in einen dunklen Raum des Tempels zu folgen. Sobald sie drinnen waren, zündete Lama Tsultrim die Laterne an, und der Raum füllte sich mit einem warmen goldenen Licht. Die Schatten, die zuvor so schrecklich erschienen, zogen sich sofort zurück und gaben jeden Winkel des Raumes preis.

"Siehst du, Dorje," sagte Lama Tsultrim mit seiner ruhigen und beruhigenden Stimme, "deine Ängste sind wie diese Dunkelheit. Du musst nicht direkt gegen sie kämpfen. Es reicht, das Licht des Bewusstseins anzuzünden, und die Schatten werden sich von selbst auflösen. Das Licht deines Bewusstseins ist mächtiger als jeder Schatten."

Dorje, beeindruckt von den Worten seines Meisters, begann zu verstehen. Er erkannte, dass es nicht nötig war, gegen seine Ängste zu kämpfen, sondern sie vielmehr mit dem Licht seines Bewusstseins zu erhellen. Von diesem Tag an begann Dorje, Achtsamkeit zu üben, indem er jede Angst mit dem Licht seines inneren Blicks beleuchtete, und nach und nach fanden seine Nächte Frieden.

Zen-Philosophie

Im Zen-Buddhismus ist Achtsamkeit das Licht, das die Dunkelheit von Unwissenheit und Angst vertreibt. Durch die Praxis von Meditation und Reflexion können wir ein tiefes Verständnis erreichen, das jeden Aspekt des Lebens erleuchtet. So wie Dorje gelernt hat, seine Ängste mit Bewusstsein zu erhellen, können auch wir lernen, unsere inneren Schatten zu überwinden und Frieden zu finden.

Reflexionen

Die Geschichte von Dorje und Lama Tsultrim lädt uns dazu ein, über unsere eigenen Ängste nachzudenken. Wie oft lassen wir uns von den Schatten unserer Gedanken und Emotionen überwältigen? Was wäre, wenn wir statt zu kämpfen versuchen würden, sie mit dem Licht unseres Bewusstseins zu erhellen? Lama Tsultrim lehrt uns, dass wahre Stärke in der Fähigkeit liegt, unsere Ängste zu erhellen, nicht sie zu bekämpfen.

Hast du schon einmal versucht, deine Ängste mit Bewusstsein zu betrachten? Wie würde sich deine Wahrnehmung ändern, wenn du sie statt zu vermeiden oder zu bekämpfen, ruhig beobachten und mit dem Licht deines Geistes erleuchten würdest?

Positive Psychologie

Die positive Psychologie betont die Bedeutung von Achtsamkeit beim Erkennen und Bewältigen von Ängsten. Das Erlernen, unsere Ängste mit Achtsamkeit zu erleuchten, verringert ihre Macht und ermöglicht es uns, mit größerer Gelassenheit und Klarheit zu leben. Diese Praxis fördert persönliches Wachstum und emotionales Wohlbefinden.

Übung 1: Meditation über das Licht des Bewusstseins

- Nimm dir jeden Tag ein paar Minuten Zeit für eine Meditation, in der du dich auf das Licht des Bewusstseins konzentrierst. Stelle dir vor, du zündest ein inneres Licht an, das jeden dunklen Winkel deines Geistes erhellt. Visualisiere, wie deine Ängste sich auflösen, während das Licht des Bewusstseins wächst. Diese Übung wird dir helfen, innere Ruhe zu entwickeln und Angst zu reduzieren.

Übung 2: Achtsamkeitstagebuch

- Notiere jeden Abend einen Moment des Tages, in dem du dich von Angst oder Unsicherheit überwältigt gefühlt hast. Überlege, wie du diesen Moment mit mehr Achtsamkeit hättest bewältigen können. Mit der Zeit wird dir diese Übung helfen, die Fähigkeit zu entwickeln, deine Ängste zu erleuchten und mit mehr Ausgeglichenheit und Gelassenheit zu leben.

KAPITEL II

Selbstakzeptanz, Persönliches Wachstum und Disziplin

Der Spiegel des Tempels

In einem verborgenen Tempel in den Bergen wurde ein alter Spiegel verehrt, von dem es hieß, dass er die Seele eines jeden widerspiegelte, der in ihn blickte. Ein junger Mönch, namens Kelsang, der voller Zweifel und Unsicherheiten über sich selbst war, näherte sich eines Tages diesem Spiegel in der Hoffnung, ein Zeichen zu finden, das ihm Klarheit bringen würde.

Als er schließlich den Mut fasste, hineinzuschauen, sah er ein überraschendes Bild: Ein Gesicht, das ihm mit Frieden, Licht und Liebe entgegenstrahlte. Erstaunt wandte sich Kelsang an seinen Meister Lama Rinchen, der ihn mit einem sanften Lächeln betrachtete.

„Meister," fragte der junge Mönch zögernd, „wie kann dies mein Spiegelbild sein? Ich habe mich nie so strahlend und ruhig gefühlt."

Lama Rinchen trat näher, legte eine Hand auf Kelsangs Schulter und sprach mit ruhiger, tiefer Stimme: „Was du im Spiegel siehst, ist keine Illusion, sondern die Wahrheit, die bereits in dir existiert. Das Licht und die Liebe, die er widerspiegelt, sind nichts anderes als dein wahres Wesen, verborgen unter Schichten von Unsicherheiten und Ängsten. Sich selbst zu lieben, ist kein Akt der Eitelkeit, sondern das Erkennen deiner wahren Natur, die so strahlend und göttlich ist wie das Licht selbst."

Diese Worte drangen tief in Kelsangs Herz und er begann, sich selbst mit neuen Augen zu sehen – nicht mehr als einen jungen Mönch voller Fehler, sondern als ein Wesen des Lichts, fähig zu Liebe und Mitgefühl, sowohl für sich selbst als auch für andere.

Zen-Philosophie

Im Zen-Buddhismus wird Selbstliebe als ein wesentlicher Bestandteil des spirituellen Weges angesehen. Es geht nicht um Egoismus, sondern darum, unsere innere Natur zu erkennen und zu respektieren. Nur indem wir uns selbst akzeptieren und lieben, können wir inneren Frieden finden und authentisch leben.

Reflexionen

Selbstliebe bedeutet, seine göttliche Essenz zu erkennen, seine eigenen Unvollkommenheiten zu akzeptieren und die Schönheit zu sehen, die bereits in uns leuchtet. Nur durch diese Liebe können wir in Harmonie mit uns selbst und der Welt leben.

Positive Psychologie

Selbstliebe ist grundlegend für das emotionale und mentale Wohlbefinden. Sich selbst mit allen Unvollkommenheiten zu akzeptieren, fördert ein stärkeres Selbstwertgefühl und Resilienz, wodurch wir den Herausforderungen des Lebens mit einem offenen und vertrauensvollen Herzen begegnen können.

Übung 1: Der innere Spiegel

- Nimm dir jeden Morgen einen Moment Zeit, um in den Spiegel zu schauen. Sieh nicht nur dein äußeres Erscheinungsbild, sondern versuche, darüber hinaus deine innere Lichtquelle zu erkennen. Erinnere dich daran, dass das, was du siehst, die Schönheit und Stärke widerspiegelt, die bereits in dir existieren. Beginne den Tag mit einer Liebeserklärung an dich selbst, indem du deine Einzigartigkeit anerkennst.

Übung 2: Schreibe einen Liebesbrief an dich selbst

- Nimm dir Zeit, um einen Brief an dich selbst zu schreiben, in dem du alles ausdrückst, was du an dir liebst. Beschränke dich nicht darauf, deine äußeren Qualitäten zu loben, sondern erkenne die Schönheit deiner Seele, deiner Erfahrungen und deiner Unvollkommenheiten. Beende den Brief mit einem Versprechen, dich jeden Tag mit Freundlichkeit und Mitgefühl zu behandeln.

Der Krug aus Ton

Im Kloster von Sera lebte ein Mönch namens Jampa, bekannt für seine große Hingabe, aber auch für seine Sturheit, niemals seine Fehler einzugestehen. Eines Tages beauftragte ihn Lama Yeshe, der Meister des Klosters, mit einem wertvollen Krug aus Ton, den er vorsichtig zum Tempel für eine Zeremonie bringen sollte. Stolz auf das ihm entgegengebrachte Vertrauen machte sich Jampa mit größter Sorgfalt auf den Weg.

Als er den Hof überquerte, stolperte Jampa über eine hervorstehende Wurzel und der Krug bekam einen Riss. Tief beschämt und aus Angst vor der Reaktion des Meisters versuchte Jampa, den Riss zu verbergen, in der Hoffnung, dass niemand ihn bemerken würde. Als er im Tempel ankam und den Krug Lama Yeshe übergab, bemerkte der Meister sofort den Schaden und sagte sanft: "Verberge den Riss nicht, Jampa."

Der junge Mönch senkte den Blick, bereit, einen Tadel zu empfangen, doch Lama Yeshe fuhr mit einem ruhigen Lächeln fort: "Jeder Riss ist ein Zeichen unseres Weges, der Lektionen, die wir auf unserem Weg gelernt haben. Einen Fehler einzugestehen ist wie das Wahrnehmen eines Risses in einem Tongefäß: Es mag wie ein Makel erscheinen, aber es ist auch eine Gelegenheit, zu lernen und zu wachsen. Nur wenn wir unsere Unvollkommenheiten akzeptieren, können wir wirklich vorankommen."

Diese Worte berührten Jampa zutiefst, und er gab schließlich seinen Fehler zu und begann, seine Schwächen nicht mehr als Misserfolge zu betrachten, sondern als Werkzeuge des Wachstums. Von diesem Tag an bemühte er sich, seine Unvollkommenheiten nicht mehr zu verbergen, sondern sie anzuerkennen und daraus zu lernen.

Zen-Philosophie

Im Zen-Buddhismus werden Fehler als Chancen für spirituelles Wachstum angesehen. Die Demut, eigene Fehler zu erkennen und zu akzeptieren, ist entscheidend, um auf dem Weg zur Erleuchtung voranzukommen. Jede Unvollkommenheit erinnert uns an unsere menschliche Natur und die Möglichkeit, sie in Weisheit zu verwandeln.

Reflexionen

Das Eingestehen eigener Fehler ist wie das Bemerken eines Risses in einem Tongefäß: Es ist kein Zeichen des Scheiterns, sondern ein Zeugnis unseres Weges und der gelernten Lektionen. Nur durch die Akzeptanz unserer Unvollkommenheiten können wir wirklich wachsen und uns verbessern.

Positive Psychologie

Das Akzeptieren und Eingestehen eigener Fehler fördert persönliches Wachstum und Resilienz. Diese Fähigkeit verringert die Angst vor Perfektionismus und fördert einen realistischeren und konstruktiveren Ansatz im Leben. Zu lernen, Fehler als Schritte zur Verbesserung zu sehen, hilft, eine offenere und anpassungsfähigere Denkweise zu entwickeln.

Übung 1: Die Risse anerkennen

- Nimm dir jeden Abend ein paar Minuten Zeit, um über deinen Tag nachzudenken und schreibe einen Fehler auf, den du gemacht hast oder einen Moment, in dem du das Gefühl hattest, versagt zu haben. Notiere auch, was du aus dieser Situation gelernt hast und wie du durch diese Erfahrung wachsen könntest.

Übung 2: Die Unvollkommenheit umarmen

- Wähle eine Aktivität, bei der du dich unsicher fühlst oder bei der du Angst hast, Fehler zu machen. Beginne, sie mit der Absicht zu üben, Fehler zu akzeptieren, die auftreten könnten. Jedes Mal, wenn du einen Fehler machst, nimm dir einen Moment Zeit, um darüber nachzudenken, was du gelernt hast, und sei dankbar für die Möglichkeit des Wachstums.

Wenn der Schüler bereit ist, erscheint der Meister

In einem alten japanischen Dorf lebte ein junger Mann namens Hiroshi. Er wollte unbedingt ein Zen-Mönch werden und Antworten auf die tiefen Fragen finden, die ihn quälten. Jeden Tag ging Hiroshi zum Tempel, betete, meditierte und bat die Mönche unaufhörlich, ihm die Geheimnisse Buddhas zu lehren. Aber die Mönche gaben ihm immer dieselbe Antwort: "Deine Zeit ist noch nicht gekommen."

Frustriert und ungeduldig beschloss Hiroshi, eine lange Reise zu unternehmen, um einen Meister zu finden, der seinen Geist erleuchten könnte. Er überquerte Berge und Flüsse, besuchte ferne Tempel und sprach mit Weisen aller Art, aber niemand gab ihm die Antworten, die er suchte. Jedes Mal, wenn er eine Frage stellte, erhielt er nur ein freundliches Lächeln und die Antwort: "Wenn der Schüler bereit ist, erscheint der Meister."

Nach vielen Jahren des Pilgerns, müde und entmutigt, beschloss Hiroshi, in sein Dorf zurückzukehren. Auf dem Rückweg, als er einen Wald durchquerte, hielt er an einem kleinen Bach an, um etwas Wasser zu trinken. Als er sich niederbeugte, sah er im Wasser das Spiegelbild eines alten Mönchs, der ihn vom gegenüberliegenden Ufer aus beobachtete.

"Wer bist du?" fragte Hiroshi und hob den Blick.

Der alte Mönch lächelte und antwortete: "Ich bin der Meister, den du die ganze Zeit gesucht hast."

Ungläubig fragte Hiroshi: "Warum habe ich dich nicht früher gefunden? Ich bin jahrelang gereist, habe in jeder Ecke gesucht, und erst jetzt erscheinst du."

Der Mönch antwortete gelassen: "Weil du vorher nicht bereit warst, mich zu sehen. Du hast im Außen gesucht, aber die wahre Reise war in dir. Erst als du aufgehört hast, verzweifelt zu suchen, und akzeptiert hast, was ist, hast du dein Herz und deinen Geist geöffnet. Jetzt bist du bereit."

Hiroshi verstand endlich. Es war nicht der Meister, der sich versteckt hatte, sondern er selbst, der in seiner Ungeduld nicht gesehen hatte, was die ganze Zeit da gewesen war. Dankbar verbeugte er sich vor dem alten Mönch, bereit, die wahre Weisheit zu erlernen.

Zen-Philosophie
Im Zen-Buddhismus ist die Beziehung zwischen Schüler und Meister tief verwurzelt in der Idee, dass die Weisheit nicht von außen erlangt, sondern von innen erkannt wird. Der Meister erscheint erst dann, wenn der Schüler bereit ist – das bedeutet, dass die Bereitschaft zur Einsicht und zum Lernen aus einer inneren Reife und Offenheit entsteht. Zen lehrt, dass die Suche nach Erleuchtung oft in der äußeren Welt beginnt, aber die wahre Entdeckung findet in der Stille und Akzeptanz des gegenwärtigen Augenblicks statt. Der Schüler muss aufhören, krampfhaft nach Antworten zu suchen, und stattdessen lernen, die Weisheit in sich selbst zu finden. Der Meister ist in diesem Sinne kein Lehrer im traditionellen Sinne, sondern ein Spiegel, der dem Schüler hilft, seine eigene innere Wahrheit zu erkennen.

Reflexionen

Diese Geschichte lehrt uns, dass Weisheit und Verständnis nicht erzwungen werden können. Oft suchen wir in unserer Ungeduld Antworten im Außen, ohne zu erkennen, dass die Bereitschaft, diese Antworten zu empfangen, von innen kommen muss. Erst wenn wir uns dem natürlichen Fluss des Lebens hingeben und den gegenwärtigen Moment ohne Widerstand akzeptieren, sind wir wirklich bereit, das zu empfangen, wonach wir immer gesucht haben.

Positive Psychologie

Die positive Psychologie lehrt uns, dass Selbstverwirklichung und persönliches Wachstum Geduld und Selbstakzeptanz erfordern. Das unaufhörliche Streben nach Antworten oder Veränderungen kann uns paradoxerweise von dem entfernen, was wir uns wünschen. Eine offene Einstellung zum Leben zu kultivieren, wie es ist, erlaubt uns, bereit für neue Entdeckungen und Lehren zu sein, wenn sie sich zeigen.

Übung 1: Meditation über die Bereitschaft

- Finde einen ruhigen Ort und setze dich in eine bequeme Position. Schließe die Augen und konzentriere deine Aufmerksamkeit auf deinen Atem. Während du ein- und ausatmest, wiederhole innerlich: "Ich bin bereit zu empfangen." Lasse Gedanken oder Emotionen ohne Urteil auftauchen. Nach 10 Minuten öffne langsam deine Augen und schreibe auf ein Blatt Papier, was du während der Meditation gespürt oder verstanden hast.

Übung 2: Reflexion über den inneren Weg

- Nimm dir einen Moment Zeit, um über deinen persönlichen Weg nachzudenken. Denke an eine Zeit in deinem Leben, in der du ungeduldig nach etwas gesucht hast, nur um später zu erkennen, dass die Antwort bereits in dir war. Schreibe einen kurzen Bericht über diese Erfahrung, konzentriere dich darauf, was du über Geduld und die Bedeutung der inneren Bereitschaft gelernt hast.

Der Hase und die goldene Gießkanne

In einem kleinen Dorf am Rande des Waldes lebte ein neugieriger Hase, der immer auf der Suche nach ungewöhnlichen Gegenständen war. Eines Tages, als er in der Nähe eines alten Baumes grub, fand er eine goldene Gießkanne, die verlassen und von Staub bedeckt war. Der Hase, fasziniert von ihrem Glanz, brachte sie in seinen Bau, überzeugt, einen unschätzbaren Schatz gefunden zu haben.

Trotz ihrer Schönheit erwies sich die Gießkanne bald als nutzlos. Sie war zu schwer zum Heben, und schlimmer noch, das Wasser sickerte durch kleine, unsichtbare Risse, wodurch sie für das Gießen der Pflanzen unbrauchbar wurde. Aber der Hase, geblendet vom scheinbaren Wert des Goldes, hielt weiterhin an ihr fest, überzeugt, dass er eines Tages einen Weg finden würde, sie zu nutzen.

Eine weise Eule, die den Hasen beim Kampf mit dem schweren Gegenstand beobachtete, rief ihn zu sich und sagte: „Lieber Hase, wozu brauchst du einen so schönen Gegenstand, wenn er dir nicht nützt? Gold mag glänzen, aber es kann dir nicht helfen, deine Blumen zum Wachsen zu bringen. Vielleicht ist es besser, nach etwas zu suchen, das weniger glänzt, aber praktischer ist."

Der Hase, nachdenklich über die Worte der Eule, entschloss sich schließlich, die goldene Gießkanne aufzugeben. Er kehrte zu seiner alten, einfachen Zinnkanne zurück, die immer perfekt funktioniert hatte. Mit ihr konnte der Hase seinen Garten prächtiger denn je zum Blühen bringen und erkannte, dass wahrer Wert in der Nützlichkeit und nicht im äußeren Schein liegt.

Zen-Philosophie

In der Zen-Philosophie liegt das Wesen der Dinge nicht in ihrem Erscheinungsbild, sondern in ihrer Nützlichkeit und Einfachheit. Oft werden wir vom Wunsch verführt, das zu besitzen, was glänzt und Aufmerksamkeit erregt, und vergessen dabei, dass die wahre Schönheit in der Funktionalität und der Fähigkeit eines Gegenstandes oder einer Handlung liegt, einen echten Nutzen in unser Leben zu bringen.

Reflexionen

Die Geschichte vom Hasen und der goldenen Gießkanne lädt uns dazu ein, darüber nachzudenken, wie oft wir von dem angezogen werden, was glänzt, und dabei das übersehen, was wirklich nützlich und wertvoll ist. Wir leben in einer Welt, in der das Erscheinungsbild oft mit dem Wert verwechselt wird. Doch was würde passieren, wenn wir lernen würden, über die Oberfläche hinauszusehen?

Die weise Eule erinnert uns daran, dass der wahre Wert nicht immer auf den ersten Blick erkennbar ist. Wie können wir diese Lektion in unserem täglichen Leben anwenden? Vielleicht ist es an der Zeit, das, was wir für wertvoll halten, neu zu bewerten und die einfachen und nützlichen Dinge in unserer Umgebung mehr zu schätzen.

Hast du schon einmal eine Situation erlebt, in der ein Gegenstand oder ein äußeres Merkmal dich getäuscht hat und dich das wirklich Wichtige übersehen ließ? Wie könntest du deinen Geist darauf trainieren, über das Erscheinungsbild hinauszusehen und den wahren Wert der Dinge zu erkennen?

Positive Psychologie

Die positive Psychologie lehrt uns, dass wahres Glück nicht in materiellen Dingen zu finden ist, sondern im Nutzen und der Bedeutung, die sie in unser Leben bringen. Die Einfachheit zu schätzen und den Wert nützlicher Dinge zu erkennen, hilft uns, ein erfüllteres und gelasseneres Leben zu führen, fernab der Illusionen des Konsumdenkens.

Übung 1: Die Liste der Einfachheit

- Nimm dir Zeit, um eine Liste der Gegenstände in deinem täglichen Leben zu erstellen, die einfach, aber unverzichtbar sind. Indem du darüber nachdenkst, wie diese Dinge dir helfen, besser zu leben, kannst du eine größere Dankbarkeit für das entwickeln, was wirklich nützlich ist, und die Bedeutung von rein dekorativen oder Statussymbolen verringern.

Übung 2: Den wahren Wert erkennen

- Immer wenn du versucht bist, etwas Neues zu kaufen, frage dich, ob dieser Gegenstand einen echten Nutzen in dein Leben bringen wird oder ob es nur ein momentanes Verlangen nach dem äußeren Schein ist. Durch diese Übung kannst du ein größeres Bewusstsein und Weisheit in deinen Entscheidungen entwickeln, indem du dich auf das konzentrierst, was wirklich wichtig ist.

Wenn du siebenmal fällst, stehe achtmal auf

In den abgelegenen Bergen Bhutans lebte ein junger Mönch namens Rinchen, bekannt für seinen eisernen Willen und seine Entschlossenheit. Rinchen war ehrgeizig, und sein Ziel war es, den höchsten Gipfel der Region, den Berg der Erleuchtung, zu erklimmen, von dem man sagte, er offenbare tiefgründige spirituelle Wahrheiten denen, die es schafften, ihn zu erreichen.

Eines Tages beschloss Rinchen, den Aufstieg zu wagen. Bei den ersten Lichtstrahlen der Morgendämmerung begann er, den steilen und felsigen Pfad hinaufzusteigen. Doch der Weg war beschwerlich, und schon bald stolperte er über lose Steine und stürzte heftig. Doch Rinchen erinnerte sich an die Worte seines Meisters: "Wer aufgibt, bevor er den Gipfel erreicht, wird nie die Aussicht genießen können." Also stand er auf, entschlossener denn je, und setzte seinen Weg fort. Doch je näher er dem Gipfel kam, desto schwieriger wurde der Weg. Er fiel erneut, und dann noch einmal, bis er beim siebten Versuch erschöpft und mit blutenden Händen am Boden lag.

In diesem Moment der Verzweiflung erschien Lama Dorje, sein Meister, durch den Nebel, als hätte er auf diesen Augenblick gewartet. Mit einem ruhigen Lächeln fragte er: "Warum liegst du noch am Boden, Rinchen?"

"Meister, ich habe es versucht, aber der Berg lässt mich immer wieder fallen. Ich weiß nicht, ob ich noch einmal aufstehen kann," antwortete Rinchen mit gesenktem Kopf.

Lama Dorje nickte weise. "Wenn der Berg dich siebenmal zu Fall bringt, stehe achtmal auf. Es ist nicht der Gipfel, der zählt, sondern die Entschlossenheit, es immer wieder zu versuchen. Jede Niederlage bringt dich deiner inneren Stärke näher. Der wahre Gipfel liegt nicht oben, sondern in dir selbst."

Rinchen spürte, wie die Worte seines Meisters eine neue Kraft in ihm weckten. Er stand auf, mit einem neuen Bewusstsein für seinen Weg, und setzte den Aufstieg fort. Dieses Mal wusste er, dass jeder Schritt, so schwer er auch sein mochte, ihn nicht nur dem Gipfel näher brachte, sondern auch zu einem tieferen Verständnis seiner selbst führte.

Zen-Philosophie

Im Zen-Buddhismus wird Ausdauer als eine Form der spirituellen Praxis angesehen. Der Weg zur Erleuchtung ist oft von Herausforderungen gesäumt, aber der wahre Sieg liegt darin, niemals aufzugeben. Das Sprichwort "Wenn du siebenmal fällst, stehe achtmal auf" erinnert uns daran, dass jede Herausforderung eine Gelegenheit ist, innerlich zu wachsen und unsere innere Stärke zu entdecken.

Reflexionen

Die Geschichte von Rinchen und dem Berg der Erleuchtung lädt uns ein, darüber nachzudenken, wie wir mit Schwierigkeiten umgehen. Jeder von uns wird im Leben auf Hindernisse stoßen, die uns zu Fall bringen. Aber was wäre, wenn wir jede Niederlage als Gelegenheit sehen würden, stärker wieder aufzustehen? Lama Dorje lehrt uns, dass es nicht der Gipfel ist, der den Erfolg bestimmt, sondern die Fähigkeit, aufzustehen und den Weg fortzusetzen.

Hast du schon einmal einen Moment erlebt, in dem eine Niederlage dich zum Aufgeben brachte? Wie würde sich dein Leben verändern, wenn du jede Niederlage als Schritt zu einer stärkeren Version deiner selbst sehen würdest?

Positive Psychologie

Die positive Psychologie betont die Bedeutung von Resilienz, der Fähigkeit, nach einem Sturz wieder aufzustehen. Diese mentale Stärke hilft uns, Herausforderungen nicht als unüberwindbare Hindernisse zu sehen, sondern als Chancen für persönliches Wachstum. Jede Niederlage kann uns lehren, stärker, weiser und widerstandsfähiger zu werden.

Übung 1: Lektionen aus Niederlagen

- Erinnere dich an einen Moment in deinem Leben, in dem du mit einem Misserfolg konfrontiert wurdest. Denke darüber nach, was du aus dieser Erfahrung gelernt hast und wie sie dich stärker gemacht hat. Schreibe diese Lektionen auf, um dich daran zu erinnern, dass jede Niederlage eine wertvolle Gelegenheit zum Wachsen ist.

Übung 2: Mentale Resilienz aufbauen

- Nimm dir jeden Tag einen Moment Zeit, um über eine aktuelle Herausforderung nachzudenken, der du gegenüberstehst. Stelle dir vor, wie du nach einem möglichen Misserfolg wieder aufstehst, gestärkt durch die Erfahrung. Visualisiere diesen Prozess, um deine mentale Resilienz zu stärken und dich auf zukünftige Herausforderungen vorzubereiten.

Die Verwandlung des Schmetterlings

Eines Tages entdeckte ein junger Mönch namens Tshering einen Kokon, der an einem Ast im Garten des Klosters hing. Lama Rinzen, sein Meister, bemerkte das Interesse des Jungen und sagte lächelnd: „Warte, Tshering, du wirst ein Wunder erleben."

Mit Geduld beobachtete Tshering den Kokon jeden Tag. Nach einiger Zeit begann der Kokon sich zu bewegen und öffnete sich langsam. Aus ihm schlüpfte ein Schmetterling, dessen Flügel noch schwach waren und der versuchte, sich in die Luft zu erheben. Lama Rinzen trat näher und sagte: „Das ist das Wunder der Verwandlung. Der Schmetterling wurde nicht so geboren, sondern musste eine Phase der Dunkelheit und des Eingeschlossenseins durchlaufen, um zu dem zu werden, was er jetzt ist. In unserem spirituellen Wachstum müssen wir die Momente der Schwierigkeit und der Isolation akzeptieren und verstehen, dass sie für unsere Verwandlung notwendig sind. Wenn wir schließlich daraus hervorgehen, sind wir stärker, weiser und freier."

Zen-Philosophie

Im Zen-Buddhismus wird die persönliche Verwandlung als natürlicher und unvermeidlicher Prozess angesehen. Veränderungen anzunehmen und Schwierigkeiten als integralen Bestandteil des spirituellen Weges zu akzeptieren, ist unerlässlich, um Erleuchtung und tiefes Lebensverständnis zu erreichen.

Reflexionen

Die Metamorphose des Schmetterlings symbolisiert den Prozess der persönlichen und spirituellen Verwandlung. Zeiten der Schwierigkeit und des Eingeschlossenseins sind keine Hindernisse, sondern notwendige Schritte für Erneuerung und Wachstum. Sie mit Geduld und Bewusstsein zu akzeptieren, führt uns zu innerer Stärke und wahrer Freiheit.

Die Geschichte von Tshering und dem Schmetterling lädt uns ein, darüber nachzudenken, wie die schwierigen Zeiten im Leben, die oft als negativ wahrgenommen werden, in Wirklichkeit Chancen für Verwandlung und Wachstum sind. Genauso wie der Schmetterling eine Phase der Dunkelheit durchlaufen muss, um in seiner schönsten Form zu erstrahlen, müssen auch wir den Herausforderungen mit Vertrauen begegnen, in dem Wissen, dass sie uns letztendlich zu einer stärkeren und strahlenderen Version unserer selbst führen werden.

Positive Psychologie

Schwierigkeiten mit dem Bewusstsein zu begegnen, dass sie Teil des persönlichen Wachstumsprozesses sind, hilft dabei, Resilienz und eine größere Anpassungsfähigkeit zu entwickeln. Diese Haltung fördert ein dauerhaftes Wohlbefinden und eine positive Lebenseinstellung, die es uns ermöglicht, Widrigkeiten mit Hoffnung und Entschlossenheit zu meistern.

Übung 1: Die Veränderung annehmen

- Denke über eine Zeit in deinem Leben nach, in der du Schwierigkeiten durchgemacht hast und wie diese Erfahrungen dich verändert haben. Schreibe in ein Tagebuch, wie du dich durch diese Herausforderungen verwandelt hast und welche Lektionen du gelernt hast, die dich stärker gemacht haben.

Übung 2: Visualisierung der Metamorphose

- Finde einen ruhigen Ort, schließe die Augen und stelle dir vor, du seist ein Kokon. Visualisiere den Verwandlungsprozess, in dem du deine Ängste und Schwierigkeiten überwindest und dann als Schmetterling, frei und stark, hervorgehst. Diese Übung wird dir helfen, deine Hindernisse als Wachstumschancen zu sehen und eine positive Einstellung zum Wandel zu kultivieren.

Der Erste Schritt

In einem Dorf, umgeben von hohen und majestätischen Bergen, lebte ein junger Mönch namens Tashi. Schon als Kind träumte Tashi davon, den höchsten Berg in der Region zu besteigen, einen Gipfel, der als unzugänglich und gefährlich galt. Jedes Mal, wenn er diesen Berg betrachtete, fühlte er eine Mischung aus Bewunderung und Furcht und fragte sich, ob er eines Tages in der Lage sein würde, eine so große Herausforderung zu meistern.

Eines Tages vertraute Tashi sich seinem Meister Lama Dorje an und äußerte den Wunsch, diesen Berg zu besteigen, aber auch seine Angst zu scheitern. Lama Dorje hörte ihm aufmerksam zu und führte ihn nach einer langen Stille an den Fuß des Berges. „Tashi," sagte Lama Dorje mit seiner gewohnten ruhigen Stimme, „eine Reise von tausend Meilen beginnt immer mit einem einzigen Schritt. Sorge dich nicht um den Gipfel oder die Schwierigkeiten, die dir auf dem Weg begegnen werden. Konzentriere dich nur auf den ersten Schritt, und dann auf den nächsten."

Tashi betrachtete den Berg mit anderen Augen und erkannte, dass es nicht notwendig war, alles auf einmal zu bewältigen. Er beschloss, den ersten Schritt zu tun, indem er einfach einen Fuß vor den anderen setzte, ohne an den fernen Gipfel zu denken. Jeden Tag legte Tashi ein kleines Stück des

Weges zurück, langsam, aber stetig voranschreitend. Mit der Zeit wurde der Berg, der ihm einst unüberwindbar erschien, immer zugänglicher.

Eines Morgens, fast ohne es zu merken, fand sich Tashi auf dem Gipfel des Berges wieder. Als er die atemberaubende Aussicht betrachtete, verstand er, dass das Geheimnis nicht darin lag, alles auf einmal zu bewältigen, sondern einen Schritt nach dem anderen zu tun, mit Geduld und Entschlossenheit. Dieser Gipfel, der einst so fern schien, lag nun unter seinen Füßen, und Tashi erkannte, dass jede große Aufgabe im Leben gemeistert wird, indem man mit kleinen, aber entschlossenen Schritten beginnt.

Zen-Philosophie

In der Zen-Philosophie ist die Bedeutung des gegenwärtigen Moments und das Voranschreiten Schritt für Schritt von grundlegender Bedeutung. Jede Unternehmung, so groß oder schwierig sie auch sein mag, kann erfolgreich bewältigt werden, wenn wir uns auf den gegenwärtigen Moment und den Schritt konzentrieren, den wir jetzt machen. Der Weg zur Erleuchtung selbst ist eine Reihe kleiner Schritte, die uns unserer wahren Natur näher bringen.

Reflexionen

Die Geschichte von Tashi und Lama Dorje lädt uns dazu ein, darüber nachzudenken, wie wir uns oft von Herausforderungen entmutigen lassen, die zu groß oder unüberwindbar erscheinen. Aber was würde passieren, wenn wir uns statt auf den Gipfel auf den nächsten Schritt konzentrieren? Was, wenn wir einfach den Mut aufbringen, den ersten kleinen Schritt zu tun, ohne uns von der Größe der Aufgabe überwältigen zu lassen?

Lama Dorje lehrt uns, dass der erste Schritt der wichtigste ist. Jeder Tag bietet uns die Möglichkeit, einen Schritt auf unser Ziel zuzugehen, egal wie groß oder klein es ist. Jeder kleine Fortschritt bringt uns näher an das, was wir erreichen wollen.

Positive Psychologie

Die positive Psychologie betont die Bedeutung von kleinen Schritten und kontinuierlichem Fortschritt für das persönliche Wohlbefinden und die Erreichung von Zielen. Kleine, aber beständige Fortschritte können dazu beitragen, dass wir uns auf unserem Weg unterstützt und motiviert fühlen, wodurch wir die Herausforderungen des Lebens mit größerer Widerstandsfähigkeit und Entschlossenheit angehen können.

Übung 1: Der Erste Schritt

- Wählen Sie heute eine Aufgabe oder ein Ziel, das Sie schon lange aufgeschoben haben. Nehmen Sie sich vor, einen einzigen kleinen Schritt in Richtung dieses Ziels zu unternehmen, sei es, eine E-Mail zu schreiben, ein Buch zu lesen oder einfach einen Plan zu erstellen. Beobachten Sie, wie sich dieser kleine Schritt auf Ihre Motivation und Ihr Selbstvertrauen auswirkt.

Übung 2: Fortschrittsjournal

- Führen Sie ein Tagebuch, in dem Sie jeden Tag einen kleinen Fortschritt notieren, den Sie in Richtung eines langfristigen Ziels gemacht haben. Notieren Sie, was Sie erreicht haben, und reflektieren Sie darüber, wie jeder Schritt Sie dem Ziel näher bringt. Dieses Journal hilft Ihnen, die Bedeutung kleiner Schritte zu schätzen und motiviert zu bleiben.

Die Überlaufende Tasse

In einem Kloster, das zwischen den Bergen verborgen lag, lebte ein junger Mönch namens Sherab, bekannt für seine Selbstsicherheit und Arroganz. Überzeugt davon, alles zu wissen, was es zu wissen gab, lehnte Sherab jeglichen Rat ab, da er sicher war, dass sein Wissen vollständig und endgültig war. Eines Tages, während einer Pause von der täglichen Praxis, lud Lama Gyaltsen, der Meister des Klosters, Sherab zu einer Tasse Tee ein.

Während sie im ruhigen Garten des Tempels saßen, begann Lama Gyaltsen, Tee in Sherabs Tasse zu gießen. Er goss weiter, selbst als die Tasse schon voll war, bis der Tee überlief und den Tisch und Sherabs Hände benetzte. "Meister, die Tasse ist bereits voll!" rief Sherab überrascht und verärgert, "Sie kann nichts mehr aufnehmen!"

Lama Gyaltsen sah ihn mit einem gelassenen Lächeln an, als hätte er auf diesen Moment gewartet. "Sherab," sagte er mit ruhiger und tiefer Stimme, "genauso wie diese Tasse ist auch dein Geist gefüllt, überfüllt mit deinen Überzeugungen, Ideen und Sicherheiten. Solange du sie nicht leerst, wirst du niemals neue Weisheit aufnehmen können. Um wirklich zu lernen, musst du zuerst Platz für das Unbekannte schaffen, indem du akzeptierst, dass es immer etwas Neues zu lernen gibt."

Diese Worte drangen tief in Sherab ein, wie ein leichter Regen, der zwischen die Blätter sickert. Er erkannte, dass sein Geist, wie diese überlaufende Tasse, nichts Neues aufnehmen konnte, solange er von Selbstgefälligkeit erfüllt war. Von diesem Tag an begann er, Demut zu üben, und erkannte, dass jeder Tag eine Gelegenheit bot, etwas Neues zu lernen und dass wahre Weisheit in der Fähigkeit lag, den Geist zu leeren, um Platz für neue Lektionen zu schaffen.

Zen-Philosophie

Im Zen-Buddhismus muss der Geist leer und offen wie eine Tasse sein, um neue Weisheit aufzunehmen. Nur indem wir unsere starren Überzeugungen loslassen, können wir wirklich lernen und wachsen. Dieser Ansatz ermöglicht es uns, mit größerer Offenheit und Achtsamkeit zu leben, bereit, die Lektionen des Lebens zu empfangen.

Reflexionen

Die Geschichte von Sherab und Lama Gyaltsen lädt uns dazu ein, über die Bedeutung eines offenen und empfänglichen Geistes nachzudenken. Oftmals, wenn wir uns zu sicher in unserem Wissen fühlen, verschließen wir uns vor neuen Lernmöglichkeiten. Aber was würde passieren, wenn wir lernten, unseren Geist zu leeren, starre Überzeugungen loszulassen und Platz für neue Ideen zu schaffen?

Lama Gyaltsen lehrt uns, dass Demut der Schlüssel ist, um Weisheit aufzunehmen. Erst wenn wir unsere Grenzen erkennen und akzeptieren, dass es immer etwas Neues zu lernen gibt, können wir wirklich wachsen.

Hattest du jemals das Gefühl, schon alles über ein Thema zu wissen? Wie würde sich dein Ansatz ändern, wenn du stattdessen jeden Tag als Gelegenheit betrachtest, etwas Neues zu lernen?

Positive Psychologie

Die Positive Psychologie hebt die Bedeutung einer offenen Geisteshaltung und Demut hervor, um persönliches Wachstum und Anpassungsfähigkeit zu fördern. Die Bereitschaft, kontinuierlich zu lernen, ermöglicht es uns, Herausforderungen mit größerer Resilienz zu begegnen und einen flexibleren und empfänglicheren Geist zu entwickeln, was unser allgemeines Wohlbefinden verbessert.

Übung 1: Aktives Zuhören

- Widme einen Tag der Praxis des aktiven Zuhörens. Wenn du mit anderen interagierst, richte deine gesamte Aufmerksamkeit auf das, was sie sagen, ohne darüber nachzudenken, wie du antworten oder was du bereits zu dem Thema weißt. Versuche, deinen Geist von Vorurteilen und Urteilen zu leeren, und öffne dich vollständig für das, was der andere mitteilt.
- Am Ende des Tages reflektiere darüber, was du durch diese Praxis gelernt hast. Hast du neue Perspektiven oder Ideen bemerkt, die du vorher nicht in Betracht gezogen hattest?

Übung 2: Tagebuch des Offenen Geistes

- Nimm dir jeden Abend ein paar Minuten Zeit, um über deinen Tag nachzudenken, und schreibe eine neue Sache auf, die du gelernt hast, oder eine Überzeugung, die du in Frage gestellt hast. Es kann eine Idee, eine Lektion oder ein kleines Detail sein, das dir geholfen hat, die Dinge anders zu sehen.
- Diese Übung hilft dir, einen offenen Geist zu bewahren und anzuerkennen, dass jeder Tag Chancen bietet, zu wachsen und zu lernen. Mit der Zeit wirst du eine größere geistige Flexibilität und ein tieferes Verständnis für dich selbst und die Welt um dich herum entwickeln.

Der Tropfen und der Felsen

In einer abgelegenen Ecke eines üppigen Waldes lag ein mächtiger Felsen, stark und imposant, der vor keiner Kraft der Natur Angst zu haben schien. Nicht weit vom Felsen entfernt plätscherte ein kleiner Bach, und von diesem Bach löste sich von Zeit zu Zeit ein einzelner Wassertropfen, der auf die Oberfläche des Felsens fiel.

Anfangs kümmerte sich der Felsen überhaupt nicht um diesen kleinen Tropfen. Er war zu stark, zu fest, um sich von so etwas Winzigem bedroht zu fühlen. Aber der Tropfen fiel weiterhin mit Beständigkeit, ohne jemals innezuhalten. Tag für Tag, Jahr für Jahr fiel derselbe Wassertropfen auf dieselbe kleine Stelle des Felsens.

Die Jahreszeiten vergingen, und der Felsen begann, etwas Seltsames zu bemerken. Dort, wo der Tropfen fiel, bildete sich eine kleine Vertiefung. Mit der Zeit wurde diese Vertiefung immer tiefer, bis sich der Felsen schließlich aufspaltete – erschaffen von dem, was einst unmöglich schien: einem einfachen Wassertropfen.

Der Felsen, der über das Geschehene nachdachte, erkannte eine tiefe Wahrheit. „Es war nicht die Kraft, die mich gebrochen hat", dachte er, „sondern die Beständigkeit und Entschlossenheit dieses kleinen Tropfens."

Zen-Philosophie

Im Zen-Buddhismus wird Beständigkeit als einer der Schlüssel zum spirituellen Fortschritt angesehen. Es ist nicht die rohe Kraft, die uns hilft, die Herausforderungen des Lebens zu überwinden, sondern die Ausdauer und das kontinuierliche Engagement. Der Wassertropfen symbolisiert die Bedeutung der Beständigkeit in unseren täglichen Praktiken, sei es Meditation, Achtsamkeit oder persönliche Entwicklung.

Reflexionen

Die Geschichte des Tropfens und des Felsens lädt uns ein, über die Kraft der Ausdauer nachzudenken. Oft, wenn wir einem großen und schwierigen Hindernis gegenüberstehen, sind wir entmutigt, weil wir glauben, nicht die nötige Kraft zu haben, um es zu überwinden. Aber was wäre, wenn wir uns wie der Tropfen verhalten und uns Tag für Tag engagieren würden? Lama Norbu lehrt uns, dass die Kraft der Beständigkeit selbst die härtesten Herausforderungen überwinden kann.

Hast du jemals eine Herausforderung erlebt, die unüberwindbar schien? Wie würde sich dein Ansatz ändern, wenn du die Mentalität des Wassertropfens annimmst und dich auf Beständigkeit und Ausdauer anstatt auf sofortige Kraft konzentrierst?

Positive Psychologie

Die positive Psychologie betont die Bedeutung der Ausdauer als eine der grundlegenden Eigenschaften, um Erfolg und Wohlbefinden zu erreichen. Beständig zu sein und nicht aufzugeben, auch wenn die Fortschritte langsam erscheinen, kann zu außergewöhnlichen Ergebnissen führen. Die tägliche Praxis, auch in kleinen Dosen, kann im Laufe der Zeit zu bedeutenden Veränderungen führen.

Übung 1: Kleine tägliche Schritte

- Wähle ein Ziel, das du erreichen möchtest, sei es groß oder klein. Verpflichte dich, jeden Tag einen kleinen Schritt auf dieses Ziel zuzugehen, ohne Ausnahmen. Notiere die Fortschritte im Laufe der Zeit und reflektiere darüber, wie die Beständigkeit einen Unterschied macht.

Übung 2: Visualisierung der Ausdauer

- Nimm dir jeden Tag ein paar Minuten Zeit, um dich selbst als den Wassertropfen zu visualisieren. Stell dir vor, wie du einem großen Hindernis mit Ruhe und Entschlossenheit gegenüberstehst und immer wieder denselben Punkt triffst. Diese Visualisierung wird dir helfen, deine mentale Widerstandsfähigkeit zu stärken und dich daran zu erinnern, dass du mit Beständigkeit jede Herausforderung überwinden kannst.

Der Wachsende Bambus

Eines Tages wandte sich ein Schüler, frustriert über den Mangel an sichtbaren Fortschritten auf seinem spirituellen Weg, ungeduldig an seinen Meister: "Meister, ich sehe keine Früchte meiner Arbeit. Wann werde ich ernten, was ich gesät habe?"

Der Meister, mit einem gelassenen Lächeln, führte ihn in einen ruhigen Bambushain. "Sieh diesen Bambus an," sagte der Meister. "Jahrelang wächst er unsichtbar unter der Erde. Während dieser Zeit bildet er starke und tiefe Wurzeln, ohne Eile, ohne Aufsehen. Erst wenn diese Wurzeln stark genug sind, beginnt der Bambus in die Höhe zu schießen, und er tut dies schnell, als ob er den Himmel erreichen will."

Der Schüler betrachtete aufmerksam den Bambus und verstand schließlich die Worte seines Meisters. Er erkannte, dass das innere Wachstum, genau wie beim Bambus, oft im Verborgenen stattfindet, tief unter der Oberfläche, wo der Boden vorbereitet und die Wurzeln gestärkt werden. Und erst wenn die Zeit reif ist, wird dieses Wachstum sichtbar und entfaltet sich in seiner ganzen Pracht.

Zen-Philosophie

Im Zen-Buddhismus wird Geduld als eine grundlegende Tugend auf dem Weg zur Erleuchtung angesehen. Spirituelles Wachstum wird nicht in linearen Zeiträumen gemessen, sondern im Prozess der Verwurzelung und Vorbereitung, der tief in unserem Wesen stattfindet. Jede bewusste Handlung trägt zu diesem Prozess bei, auch wenn die Ergebnisse nicht sofort sichtbar sind.

Reflexionen

Geduld ist der Schlüssel zum inneren Wachstum. Auch wenn die Ergebnisse nicht sofort sichtbar sind, trägt jeder Einsatz dazu bei, unsere Wurzeln zu stärken und uns darauf vorzubereiten, zur richtigen Zeit zu erblühen. Der wahre Fortschritt geschieht leise, in der geduldigen Erwartung, dass unser Wesen bereit ist, sein volles Potenzial zu entfalten.

Positive Psychologie

Geduld hilft uns, die mit dem Drang nach sofortigen Ergebnissen verbundene Angst zu reduzieren und fördert eine größere Akzeptanz des persönlichen Wachstumsprozesses. Zu erkennen, dass jeder Einsatz seine Reifezeit hat, stärkt die Resilienz und Gelassenheit und fördert eine positive Einstellung gegenüber den Herausforderungen des Lebens.

Übung 1: Geduld kultivieren

- Nimm dir jeden Tag Zeit, um Geduld in einer einfachen Tätigkeit zu üben, wie Meditation oder Gartenarbeit. Beobachte, wie der Prozess der täglichen Pflege und Aufmerksamkeit, auch ohne sofortige Ergebnisse, zum Wachstum und Wohlbefinden beiträgt.

Übung 2: Tagebuch des inneren Wachstums

- Reflektiere jede Woche über die kleinen Fortschritte, die du auf deinem spirituellen oder persönlichen Weg gemacht hast, auch wenn sie nicht sofort sichtbar sind. Notiere diese Fortschritte in einem Tagebuch und erkenne an, dass jeder kleine Schritt deine inneren Wurzeln stärkt und dich darauf vorbereitet, im richtigen Moment zu erblühen.

Der Stein im Fluss

Eines Tages beobachtete ein junger Mönch namens Khenpo einen kleinen, runden Stein im Flussbett. Der Stein war glatt und abgerundet, geformt durch das stetige Fließen des Wassers. Lama Tsultrim, der das Interesse des Mönchs bemerkte, trat näher.

"Siehst du, Khenpo," sagte er mit ruhiger Stimme, "dieser Stein war nicht immer so. Einst war er rau und kantig, ein unscheinbares Stück Fels. Aber das Wasser, mit seiner unermüdlichen Beständigkeit, hat jede seiner Unregelmäßigkeiten abgeschliffen und ihn zu dem gemacht, was du jetzt siehst."

Der junge Mönch betrachtete den Stein weiter und begann zu verstehen, dass seine Reise durch den Fluss eine Metapher für das Leben selbst war. Lama Tsultrim fuhr fort: "So ist es auch mit uns, Khenpo. Die Schwierigkeiten und Erfahrungen des Lebens sind wie das fließende Wasser, das uns mit der Zeit formt und glättet, uns weiser und mitfühlender macht. Wir dürfen uns dem Fluss des Lebens nicht widersetzen, sondern sollten ihn annehmen, damit er uns zu einer reineren und authentischeren Version unserer selbst macht."

Khenpo, der die glatte Oberfläche des Steins berührte, spürte eine neue Ruhe und Akzeptanz in sich aufsteigen. Er erkannte, dass jede Herausforderung, jede Schwierigkeit Teil eines größeren Prozesses der persönlichen Transformation war.

Zen-Philosophie

Im Zen-Buddhismus wird das Leben als ein kontinuierlicher Prozess der Transformation betrachtet. Es ist wesentlich, den Fluss des Lebens mit all seinen Schwierigkeiten und Lektionen zu akzeptieren, um den Weg zur Erleuchtung zu beschreiten. Jede Erfahrung, ob gut oder schlecht, ist eine Gelegenheit, zu wachsen und sich der eigenen wahren Natur anzunähern.

Reflexionen

Der Stein im Fluss symbolisiert die ständige Transformation von Geist und Seele durch die Erfahrungen des Lebens. Die Schwierigkeiten, die wie das fließende Wasser auf uns einwirken, formen und glätten uns und lassen uns weiser und mitfühlender werden.

Die Geschichte des Steins im Fluss lädt uns ein, darüber nachzudenken, wie oft wir den Schwierigkeiten widerstehen, dabei vergessen, dass sie ein integraler Bestandteil unseres Wachstumsprozesses sind. So wie das Wasser den Stein formt, so formen die Erfahrungen des Lebens unseren Geist und unsere Seele. Lama Tsultrim lehrt uns, dass wahre Weisheit darin besteht, den Fluss des Lebens zu akzeptieren und jede Erfahrung als Gelegenheit zur Transformation zu betrachten.

Positive Psychologie

Schwierige Erfahrungen, wenn sie akzeptiert und integriert werden, können zu einem bedeutenden persönlichen Wachstum führen. Dieser Transformationsprozess, ähnlich dem Glätten des Steins, hilft dabei, Resilienz zu entwickeln und ein tieferes Selbstverständnis zu erlangen. Das

Akzeptieren und Annehmen der Herausforderungen des Lebens mit einer offenen Einstellung ermöglicht es uns, zu wachsen und in unseren Erfahrungen einen tieferen Sinn zu finden.

Übung 1: Den Fluss annehmen

- Nimm dir einen Moment Zeit, um über eine kürzlich erlebte Herausforderung in deinem Leben nachzudenken. Wie hat diese Erfahrung dich verändert oder geformt? Schreibe ein kurzes Tagebuch darüber, wie diese Schwierigkeit zu deinem persönlichen Wachstum beigetragen hat und dir geholfen hat, eine stärkere und mitfühlendere Person zu werden.

Übung 2: Lass das Wasser fließen

- Finde einen Bach oder Fluss in deiner Nähe, oder stelle dir vor, du stehst an einem. Nimm einen kleinen Stein und halte ihn in deiner Hand, während du den Fluss des Wassers beobachtest. Stell dir vor, dass deine Schwierigkeiten wie das fließende Wasser sind, das den Stein formt. Lass das Wasser den Fluss des Lebens symbolisieren und stelle dir vor, wie jede Herausforderung dazu beiträgt, dich in eine glattere und reinere Version von dir selbst zu verwandeln.

KAPITEL III
Negative Gedanken

Der Garten der Gedanken

In einem kleinen Kloster, versteckt zwischen den Hügeln, gab es einen Garten, der mit Liebe von einem Mönch namens Dorje gepflegt wurde. Jeden Morgen kümmerte sich Dorje mit Geduld und Hingabe um den Garten, indem er das Unkraut entfernte, das die Blumen zu ersticken drohte. Der Garten, mit seinen leuchtenden Farben und zarten Düften, spiegelte sein Engagement und seine Sorgfalt wider. Eines Tages, während er wie gewohnt mit Sorgfalt arbeitete, beobachtete ihn Lama Rinzen, sein Meister, in aller Stille, bevor er sich ihm näherte.

"Negative Gedanken sind wie dieses Unkraut," sagte Lama Rinzen ruhig. "Wenn du sie nicht mit der Wurzel ausreißt, werden sie die Blumen deines Geistes ersticken. Jeder negative Gedanke, den du wachsen lässt, ist wie ein Unkraut, das immer tiefer Wurzeln schlägt. Der Geist, genau wie dieser

Garten, erfordert ständige Pflege. Wenn du möchtest, dass die Blumen des Friedens und der Freude wachsen, musst du lernen, jeden Gedanken zu entfernen, der deine innere Ruhe bedroht."

Dorje hörte aufmerksam zu und erkannte die Weisheit, die in den Worten seines Meisters verborgen war. Von diesem Tag an begann er, seinen Geist mit der gleichen Sorgfalt zu pflegen, mit der er sich um den Garten kümmerte. Jedes Mal, wenn ein negativer Gedanke auftauchte, beobachtete er ihn, erkannte ihn und dann, wie ein gewissenhafter Gärtner, entfernte er ihn sanft, aber entschlossen, um den positiven Gedanken und dem inneren Frieden Raum zu geben.

Zen-Philosophie

Im Zen-Buddhismus wird der Geist oft mit einem Garten verglichen. So wie ein Garten ständige Aufmerksamkeit erfordert, um gesund und schön zu bleiben, muss auch der Geist mit Sorgfalt gepflegt werden. Meditation und Achtsamkeit sind die Werkzeuge, mit denen wir unseren Geist reinigen und die negativen Gedanken entfernen können, die unsere wahre Natur verdunkeln. Nur durch diese ständige Praxis können wir Erleuchtung erreichen und in Harmonie mit uns selbst und der Welt leben.

Reflexionen

Die Geschichte von Dorje und Lama Rinzen lädt uns ein, darüber nachzudenken, wie wichtig es ist, sich mit der gleichen Hingabe um seinen Geist zu kümmern wie um einen Garten. Wie oft erlauben wir es negativen Gedanken, tief zu wurzeln und unsere Ruhe und unser Wohlbefinden zu ersticken? Und was wäre, wenn wir beginnen würden, jeden negativen Gedanken als Unkraut zu behandeln, das wir mit Sorgfalt und Beständigkeit entfernen?

Lama Rinzen lehrt uns, dass das Geheimnis für einen ruhigen und friedlichen Geist in der Fähigkeit liegt, negative Gedanken zu erkennen und durch positive zu ersetzen. So wie ein Garten unter der liebevollen Pflege eines Gärtners erblüht, kann auch unser Geist zu einem Ort des

Friedens und der Schönheit werden, wenn wir ihn mit Achtsamkeit pflegen.

Hast du jemals darüber nachgedacht, wie deine Gedanken deine Stimmung und deine Sicht auf das Leben beeinflussen? Wie könntest du beginnen, deinen Geist zu pflegen, um ihn in seiner ganzen Schönheit erblühen zu lassen?

Positive Psychologie

Die positive Psychologie betont die Bedeutung davon, negative Gedanken durch positive zu ersetzen, um das mentale Wohlbefinden zu verbessern. Zu lernen, Gedanken zu erkennen, die uns schaden, und sie durch solche zu ersetzen, die uns nähren, ist grundlegend, um ein ruhigeres und erfüllteres Leben zu führen. Diese Praxis stärkt nicht nur die emotionale Resilienz, sondern ermöglicht es uns auch, die Herausforderungen des Lebens mit mehr Ausgeglichenheit und Optimismus zu meistern.

Übung 1: Tagebuch der positiven Gedanken

- Nimm dir jeden Abend ein paar Minuten Zeit, um drei positive Gedanken aufzuschreiben, die du während des Tages hattest. Es können einfache Dankbarkeitsgedanken, Reflexionen über positive Erlebnisse oder auch die Anerkennung eines kleinen Erfolgs sein. Diese Übung hilft dir, eine positivere Denkweise zu kultivieren und die Wirkung negativer Gedanken zu reduzieren.

Übung 2: Geistiges Gärtnern

- Stell dir deinen Geist als einen Garten vor. Jeden Morgen, bevor du den Tag beginnst, nimm dir einen Moment Zeit, um deinen geistigen Garten "aufzuräumen". Stelle dir vor, dass negative Gedanken wie Unkraut sind, das du entfernst und durch positive Gedanken ersetzt, die wie blühende Blumen sind. Diese Übung hilft dir, den Tag mit einem klaren und ruhigen Geist zu beginnen, bereit zu erblühen.

Se diese Geschichten deine Selbstreflexion und die in dir verborgene Weisheit angeregt haben oder dir einfach Denkanstöße gegeben haben, wäre eine ehrlich Rezension auf Amazon die beste Möglichkeit, deine Wertschätzung auszudrücken!

Deine Stimme hat Gewicht. Indem du deine Gedanken zu meinem Buch teilst, hilfst du nicht nur anderen Lesern bei ihrer Entscheidung, sondern wirst aktiv an der Verbesserung meiner zukünftigen Werke mitwirken.

SCANN DEN QR-CODE

https://www.amazon.de/review/create-review/?asin=1801203563

Die Wolkenbrücke

In einem Kloster hoch oben in den majestätischen Gipfeln des Himalaya lebte ein junger Mönch namens Gyatso. Oft war sein Geist von Sorgen und Zweifeln geplagt, die ihm den Fokus auf seine Meditation raubten. Trotz seiner Hingabe zur meditativen Praxis war es ihm schwer, innere Ruhe zu finden, denn sein Geist war wie ein stürmisches Meer, überfüllt mit unaufhörlichen Gedanken, die ihn von der inneren Gelassenheit ablenkten.

Eines Tages bemerkte Lama Nyima, ein weiser, älterer Lehrer, die Unruhe in Gyatso und entschied sich, ihn auf einen der nahegelegenen Berggipfel zu führen. Dort oben war der Himmel klar und friedlich, und die Wolken zogen langsam vorbei, und formten eine Landschaft von seltener Schönheit. Lama Nyima zeigte auf die Wolken und sagte: "Schau dir diese Wolken an, Gyatso. Auf den ersten Blick wirken sie fest und imposant, fast greifbar. Doch wenn du genau hinsiehst, wirst du erkennen, dass sie nur aus Dampf und Luft bestehen, ohne wirkliche Substanz."

Gyatso blickte auf die Wolken und verstand zum ersten Mal die Leichtigkeit dessen, was ihn bedrückte. Lama Nyima fuhr fort: "Deine Sorgen und negativen Gedanken sind wie diese Wolken: Sie erscheinen schwer und drückend, aber wenn du sie genau betrachtest, wirst du sehen, dass sie keine Substanz haben. Lass sie vorüberziehen, halte nicht an ihnen fest. So wie die Wolken sich am Himmel auflösen, werden sich auch deine Sorgen in der Ruhe deines Geistes auflösen."

Inspiriert von den Worten des Meisters begann Gyatso, die Kunst zu üben, seine Gedanken mit Abstand zu betrachten. Mit der Zeit erkannte er, dass, genauso wie die Wolken, auch seine Ängste und Sorgen sich auflösten, wenn er aufhörte, sie festzuhalten. Sein Geist, der einst so aufgewühlt war, wurde ruhiger, fähig, die Schönheit und den Frieden des klaren Himmels über ihm zu reflektieren.

Zen-Philosophie

Im Zen-Buddhismus werden Gedanken und negative Emotionen als vorübergehende Phänomene betrachtet, ähnlich den Wolken, die den Himmel überqueren. Sie sollten nicht zu ernst genommen oder als Teil unserer Identität betrachtet werden. Die Praxis der Meditation und Achtsamkeit lehrt uns, diese Gedanken mit Distanz zu betrachten, wodurch unser Geist ruhig und klar bleibt, selbst inmitten emotionaler Stürme.

Reflexionen

Die Geschichte von Gyatso und Lama Nyima lädt uns ein, darüber nachzudenken, wie oft wir unseren Gedanken und Sorgen die Kontrolle überlassen und unsere Sicht auf das Leben trüben lassen. Aber was würde geschehen, wenn wir lernen würden, unsere Gedanken als Wolken zu betrachten, die vorüberziehen und sich auflösen, ohne eine Spur zu hinterlassen?

Lama Nyima lehrt uns, dass wahre innere Ruhe aus der Fähigkeit entsteht, sich nicht mit seinen Gedanken zu identifizieren, sondern sie mit Distanz zu betrachten. Auf diese Weise können wir unseren Geist frei und ruhig halten, auch angesichts der schwierigsten Herausforderungen.

Hast du jemals versucht, deine Gedanken zu beobachten, ohne auf sie zu reagieren? Wie würde sich dein Leben verändern, wenn du lernen würdest, deine Sorgen wie Wolken im Himmel vorbeiziehen zu lassen?

Positive Psychologie

Die positive Psychologie betont die Bedeutung eines ruhigen Geistes für das emotionale Wohlbefinden. Zu lernen, sich nicht mit Zweifeln und Sorgen zu identifizieren, fördert ein ausgeglicheneres und stressfreieres Leben. Diese Praxis hilft uns, eine positivere und realistischere Perspektive zu bewahren, die Angst zu reduzieren und unsere Fähigkeit zu verbessern, den Herausforderungen des Lebens zu begegnen.

Übung 1: Wolkenvisualisierung

- Jeden Morgen, bevor du deinen Tag beginnst, widme ein paar Minuten der Visualisierung von Wolken. Stell dir deine Sorgen und negativen Gedanken als Wolken am Himmel vor. Beobachte sie mit Distanz, während sie langsam vorüberziehen und sich auflösen. Diese Übung wird dir helfen, den Tag mit einem ruhigeren und distanzierteren Geist zu beginnen.

Übung 2: Achtsamkeits-Tagebuch

- Führe ein Tagebuch, in dem du die Gedanken und Sorgen notierst, die im Laufe des Tages auftauchen. Am Ende des Tages lies nach, was du aufgeschrieben hast, und reflektiere darüber, wie diese Gedanken vorübergezogen und sich verändert haben. Diese Übung hilft dir, die vergängliche Natur von Gedanken zu erkennen und eine größere emotionale Distanz zu entwickeln.

Der Sturm und der See

In den einsamen Bergen des östlichen Himalayas lag ein abgelegenes Dorf, umgeben von tiefen Tälern und kristallklaren Seen. In diesem Dorf lebte ein junger Mönch namens Rinchen, bekannt für seine Impulsivität und Unruhe. Eines Tages, während eines heftigen Sturms, entschied sich Lama Tsering, ihn auf einen Hügel zu führen, der auf einen ruhigen See blickte, der wie ein Spiegel zwischen den Felsen lag.

„Schau auf den See dort unten," sagte der Lama mit einer Ruhe, die im Kontrast zu den heftigen Winden stand, die sie umgaben. Der See, trotz der Wut des Himmels, blieb in seinen Tiefen ruhig und gelassen, als könnte nichts seine Stille stören. Lama Tsering fuhr fort: „Der Sturm ist wie die Gedanken und Emotionen, die uns überfallen, uns aus dem Gleichgewicht bringen wollen. Aber wenn du lernst, wie der See zu sein, ruhig und tief, kann der Sturm niemals dein Herz berühren. Nur in dieser Stille findest du wahre Stärke."

Als Rinchen den See beobachtete, begann er, ein Gefühl des Friedens zu verspüren, als er erkannte, dass die wahre Ruhe von innen kommt, unabhängig von den Stürmen, die draußen toben.

Zen-Philosophie

Im Zen-Buddhismus ist die innere Ruhe nicht nur ein Zustand, den man erreicht, sondern eine intrinsische Qualität unserer wahren Natur. Durch Meditation und distanzierte Beobachtung der Emotionen lernen wir, einen Geist zu entwickeln, der wie ein See ist: unerschütterlich, tief und ruhig. Diese Ruhe wird nicht dadurch erreicht, dass wir die Stürme des Lebens vermeiden, sondern indem wir die Stille in ihrem Inneren bewahren.

Reflexionen

Die Geschichte von Rinchen und Lama Tsering lädt uns ein, über die Natur der inneren Ruhe nachzudenken. Oft sind wir versucht, auf Schwierigkeiten impulsiv zu reagieren und uns von Emotionen überwältigen zu lassen. Aber was wäre, wenn wir lernen würden, wie der See zu sein, unsere innere Ruhe zu bewahren, auch wenn die Stürme des Lebens uns umgeben? Lama Tsering lehrt uns, dass wahre Stärke nicht darin liegt, den Stürmen zu widerstehen, sondern darin, die Fähigkeit zu entwickeln, in ihrer Mitte ruhig zu bleiben und den Frieden in uns zu finden.

Wenn wir die innere Ruhe pflegen, entdecken wir, dass wir jede Herausforderung mit mehr Klarheit und Stärke bewältigen können, ohne uns von äußeren Ereignissen überwältigen zu lassen.

Positive Psychologie

Die positive Psychologie betont die Bedeutung der Pflege der inneren Ruhe für das emotionale Wohlbefinden. Zu erkennen, dass die Gelassenheit von innen kommt und nicht von den äußeren Umständen abhängt, ermöglicht es uns, Stress effektiver zu bewältigen und unsere Resilienz zu verbessern. Weniger auf äußere Reize zu reagieren, stärkt unser Gefühl der Kontrolle über das Leben und hilft uns, auch in den schwierigsten Situationen das geistige Gleichgewicht zu bewahren.

Übung 1: Praxis der inneren Gelassenheit

- Jeden Tag, nimm dir ein paar Minuten Zeit, um deine Gedanken und Emotionen zu beobachten, ohne zu reagieren. Stell dir vor, du bist ein tiefer See, und lass die „Stürme" deiner Gedanken sich auf natürliche Weise legen. Du wirst feststellen, wie diese Übung deine Fähigkeit beeinflusst, auch in stressigen Situationen ruhig zu bleiben.

Übung 2: Reduzierung der Reaktivität

- Identifiziere eine Situation, in der du dazu neigst, impulsiv zu reagieren. Bevor du antwortest, atme tief ein und stelle dir den ruhigen und friedlichen See vor. Dann antworte mit Ruhe und Überlegung und beobachte, wie diese Übung deine Interaktionen und deinen emotionalen Zustand verbessern kann.

Der Stille See

In einem abgelegenen Tal, umgeben von Bergen und fernab vom Lärm der Welt, lag ein See von bezaubernder Schönheit. Seine Oberfläche war so ruhig, dass sie wie ein natürlicher Spiegel wirkte, der jedes Detail des blauen Himmels darüber widerspiegelte. Eines Tages näherte sich ein junger Mönch namens Lhawang seinem Meister, Lama Tsering, und suchte Trost, da sein Herz und sein Geist von unaufhörlichen Gedanken geplagt wurden.

"Meister," fragte Lhawang mit ängstlicher Stimme, "wie kann ich die Gelassenheit finden, die ich so sehr begehre? Mein Geist ist wie ein stürmisches Meer, und ich kann nichts klar sehen."

Lama Tsering, dessen Blick den Frieden der Jahrhunderte widerspiegelte, nahm ihn mit auf einen Spaziergang entlang des Sees. Als sie am Ufer ankamen, blieb Lama Tsering stehen und wies auf das ruhige Wasser. "Sieh dir dieses Wasser genau an," sagte er. "Wenn es ruhig ist, spiegelt es den Himmel perfekt wider. Aber wirf einen kleinen Stein hinein, und sofort verzerren die Wellen das Bild und machen es unscharf. Die Gelassenheit ist genau wie dieser See, Lhawang. Nur wenn du innere Ruhe bewahrst, kannst du die Welt klar und ruhig sehen, ohne dass deine Gedanken und Emotionen deine Sicht stören."

Die Worte des Meisters trafen Lhawang tief, wie ein Sonnenstrahl, der den morgendlichen Nebel durchdringt. Er erkannte, dass sein ständig aufgewühlter Geist einem stürmischen See ähnelte. Von da an beschloss er, innere Ruhe zu kultivieren, da er verstand, dass er nur mit einem ruhigen Geist die Welt klar reflektieren und den Frieden finden konnte, den er so sehr suchte.

Zen-Philosophie

In der Zen-Philosophie wird Gelassenheit als ein Zustand der Gleichmut betrachtet, in dem Geist und Herz in perfektem Gleichgewicht sind. Dieser Zustand wird nicht von den Höhen und Tiefen der Emotionen beeinflusst, sondern bleibt stabil und unerschütterlich. In Harmonie mit dem Dharma zu leben bedeutet, diese innere Gelassenheit zu umarmen, wodurch der Geist wie ein ruhiger See wird, der die Realität klar und unverzerrt widerspiegelt.

Reflexionen

Die Geschichte von Lhawang und Lama Tsering lädt uns dazu ein, darüber nachzudenken, wie wir oft unseren Gedanken und Emotionen erlauben, unseren Geist zu stören und unsere Sicht auf die Welt zu trüben. Aber was wäre, wenn wir lernen würden, innere Ruhe zu kultivieren? Wie würde sich unsere Wahrnehmung des Lebens ändern, wenn wir es schaffen könnten, Gelassenheit auch in schwierigen Momenten zu bewahren?

Lama Tsering lehrt uns, dass wahre Gelassenheit aus der Fähigkeit entsteht, ruhig und zentriert zu bleiben, unabhängig davon, was um uns herum geschieht. Nur mit einem ruhigen Geist können wir die Welt klar sehen und Situationen mit Weisheit und Gelassenheit begegnen.

Hast du jemals bemerkt, wie deine Emotionen deine Wahrnehmung der Dinge verzerren können? Wie könntest du innere Ruhe kultivieren, um die Welt mit mehr Klarheit und Frieden zu sehen?

Positive Psychologie

Die positive Psychologie betont die Bedeutung der Gelassenheit für das emotionale und geistige Wohlbefinden. Ein ruhiger Geist reduziert nicht nur Stress und Angst, sondern fördert auch eine größere geistige Klarheit, sodass wir den Herausforderungen des Lebens mit Ausgewogenheit und Widerstandskraft begegnen können. Die Kultivierung von Gelassenheit ist entscheidend, um ein erfülltes Leben in Harmonie mit uns selbst und anderen zu führen.

Übung 1: Bewusste und tiefe Atmung

- Widme jeden Tag ein paar Minuten der bewussten tiefen Atmung. Finde einen ruhigen Ort, setze dich bequem hin und schließe die Augen. Atme tief ein, indem du langsam durch die Nase einatmest und durch den Mund ausatmest. Konzentriere dich nur auf deinen Atem und lass deine Gedanken wie Wellen vergehen. Diese Übung hilft dir, deinen Geist zu beruhigen und innere Gelassenheit zu kultivieren.

Übung 2: Beobachtung der Emotionen

- Wenn du im Laufe des Tages bemerkst, dass eine starke Emotion aufkommt, halte kurz inne und beobachte sie als unbeteiligter Zeuge. Versuche nicht, sie zu unterdrücken oder sofort zu reagieren. Beobachte einfach, wie sie sich manifestiert und wieder vergeht. Durch diese distanzierte Beobachtung lernst du, dich nicht von deinen Emotionen überwältigen zu lassen und deinen Geist ruhig wie einen stillen See zu halten, auch in turbulenten Situationen.

Das Loslassen

In einem abgelegenen Kloster in den Bergen lebte ein junger Mönch namens Karma, der oft an seinen Gedanken und Emotionen festhielt und unfähig war, sie loszulassen. Eines Tages führte ihn sein Meister, Lama Norbu, zu einer Hängebrücke, die über einen reißenden Bach führte. Als sie die Brücke überquerten, bemerkte der junge Mönch einen großen Felsen, der zwischen den reißenden Stromschnellen festsaß, nur von einigen Wurzeln am Ufer gehalten.

Lama Norbu, der Karmas Anspannung spürte, blieb stehen und sagte: "Schau dir diesen Felsen an, Karma. Er ist blockiert, gezwungen, dort zu bleiben, während das Wasser weiter fließt. Wenn du nicht loslässt, woran du dich klammerst, wirst du wie dieser Felsen sein, festgehalten und erstickt vom Fluss des Lebens."

Karma betrachtete den Felsen aufmerksam und erkannte, dass das wahre Hindernis nicht das Wasser war, sondern sein Widerstand, sich mitreißen zu lassen. Der Mönch verstand, dass er nur durch das Loslassen seiner

Anhaftungen die Freiheit finden und mit dem Fluss des Lebens fließen konnte, wie das Wasser, das ohne Hindernisse fließt.

Von diesem Tag an begann Karma, die Kunst des Loslassens zu praktizieren. Er lernte, seine Anhaftungen zu erkennen und sie nacheinander loszulassen, und fand dabei eine neue Leichtigkeit und eine Gelassenheit, die er zuvor nie gekannt hatte.

Zen-Philosophie

In der Zen-Philosophie steht das Konzept des Loslassens im Zentrum des inneren Friedens. Anhaftungen, sei es materiell, emotional oder geistig, werden als Ketten gesehen, die uns an das Leiden binden. Nur durch das Loslassen dieser Anhaftungen können wir wahre Freiheit erfahren und im Einklang mit dem Fluss des Lebens leben.

Reflexionen

Die Geschichte von Karma und Lama Norbu lädt uns dazu ein, über unsere eigenen Anhaftungen nachzudenken. Wie oft klammern wir uns an Gedanken, Emotionen oder Situationen, die uns Leid zufügen, unfähig, sie loszulassen? Doch was würde geschehen, wenn wir lernten, loszulassen und dem Leben zu erlauben, frei zu fließen?

Lama Norbu lehrt uns, dass wahre Freiheit im Loslassen liegt. Wenn wir aufhören, Widerstand zu leisten, und uns erlauben, mit dem natürlichen Lauf der Dinge zu fließen, entdecken wir eine Leichtigkeit und einen Frieden, die uns ermöglichen, authentischer und gelassener zu leben.

Hast du jemals bemerkt, wie schwer es ist, etwas loszulassen, woran du festhältst? Wie würde sich dein Leben verändern, wenn du lernen würdest, das loszulassen, was dir Leid zufügt?

Positive Psychologie

Die Positive Psychologie erkennt an, dass das Loslassen entscheidend für das emotionale und geistige Wohlbefinden ist. Sich an Gedanken,

Emotionen oder Situationen festzuhalten, kann zu Stress, Angst und Leiden führen. Das Loslassen zu lernen hilft uns, den mentalen Druck zu verringern und ein ausgeglicheneres und erfüllteres Leben zu führen.

Übung 1: Die Praxis des Loslassens

- Nimm dir jeden Tag einen Moment Zeit, um einen Gedanken, eine Emotion oder eine Anhaftung zu identifizieren, die dir Leid zufügt. Stell dir vor, wie du sie loslässt, indem du sie wie ein Blatt im Wind davonschweben lässt. Achte darauf, wie du dich nach dem Loslassen fühlst, und reflektiere darüber, wie diese Praxis mehr Gelassenheit in dein Leben bringen kann.

Übung 2: Die Liste der Anhaftungen

- Schreibe eine Liste aller Anhaftungen, die dich zurückhalten, sei es Menschen, Dinge, Gewohnheiten oder Gedanken. Wenn du die Liste fertiggestellt hast, wähle eine dieser Anhaftungen aus und überlege, wie du anfangen könntest, sie loszulassen. Mach jeden Tag einen kleinen Schritt in Richtung des Loslassens dieser Anhaftung und beobachte, wie sich dies auf dein emotionales und mentales Wohlbefinden auswirkt.

Der neue Anfang

In einem ruhigen Kloster, versteckt in den Hügeln, lebte ein junger Mönch namens Tsering. Jeden Morgen wachte Tsering mit einem Kopf voller Gedanken an den Vortag und Sorgen um die Zukunft auf. Er spürte die Last seiner Verantwortungen und fragte sich oft, ob er jemals den inneren Frieden finden würde, den er so sehr suchte.

Eines Tages fand Lama Gyatso, sein Meister, ihn bei Sonnenaufgang traurig am Fenster sitzen. Lama Gyatso setzte sich neben ihn und sagte: "Tsering, warum bist du an diesem neuen Tag so besorgt?"

Tsering antwortete: "Meister, ich fühle mich gefangen von meinen Fehlern der Vergangenheit und den Unsicherheiten der Zukunft. Ich kann keinen Frieden finden."

Lama Gyatso lächelte sanft und wies auf den Horizont, wo die Sonne gerade aufging. "Jeden Morgen," sagte der Lama, "geht die Sonne auf und erleuchtet die Welt, und die Schatten der Nacht verschwinden. So ist es auch mit uns. Jeden Morgen werden wir neu geboren, mit der Möglichkeit, die Vergangenheit loszulassen und mit Absicht das zu leben, was am meisten zählt: das Hier und Jetzt. Trage nicht die Last von gestern in den heutigen Tag. Jeder Sonnenaufgang ist ein Geschenk, eine neue Gelegenheit, von vorne zu beginnen."

Tsering hörte auf die Worte seines Meisters und betrachtete zum ersten Mal den Sonnenaufgang mit neuen Augen. Er erkannte, dass das Geheimnis des inneren Friedens nicht darin lag, alles an einem Tag zu lösen, sondern jeden neuen Tag als Gelegenheit zu nutzen, mit Absicht und Dankbarkeit zu leben.

Von diesem Tag an begann Tsering, jeden Sonnenaufgang mit einem leichten Herzen und einem offenen Geist zu begrüßen, bereit, sein Bestes zu geben, in dem Wissen, dass das Wichtigste ist, was er im Jetzt tut.

Zen-Philosophie

In der Zen-Philosophie wird jeder Tag als eine Gelegenheit gesehen, sein Leben zu erneuern und sich der Wahrheit zu nähern. Die Idee, jeden Morgen "neu geboren" zu werden, lädt uns ein, die Vergangenheit loszulassen und mit voller Aufmerksamkeit im Jetzt zu leben. Jeder Sonnenaufgang repräsentiert einen neuen Anfang, eine Möglichkeit, mit Absicht und Weisheit zu handeln.

Reflexionen

Die Geschichte von Tsering und Lama Gyatso lädt uns ein, darüber nachzudenken, wie oft wir uns von der Vergangenheit gefangen nehmen lassen oder uns um die Zukunft sorgen und dabei vergessen, dass uns jeder Tag die Chance bietet, neu zu beginnen. Was würde passieren, wenn wir jeden Morgen als neuen Anfang sehen würden, als eine Gelegenheit, das loszulassen, was wir nicht ändern können, und uns auf das zu konzentrieren, was wir heute tun können?

Lama Gyatso lehrt uns, dass jeder Sonnenaufgang ein Geschenk ist, eine neue Gelegenheit, mit Absicht und Dankbarkeit zu leben. Es spielt keine

Rolle, welche Fehler wir gestern gemacht haben oder welche Herausforderungen uns morgen erwarten; was am meisten zählt, ist, wie wir uns entscheiden, den gegenwärtigen Moment zu leben.

Hast du jemals darüber nachgedacht, wie sich dein Tag ändern würde, wenn du ihn als neuen Anfang betrachten würdest? Wie könntest du bewusster leben, indem du dich auf das konzentrierst, was heute wirklich zählt?

Positive Psychologie

Die Positive Psychologie betont die Bedeutung des Lebens im gegenwärtigen Moment und sieht jeden Tag als eine Gelegenheit, das eigene emotionale und geistige Wohlbefinden zu verbessern. Jeden Tag als einen neuen Anfang zu betrachten, hilft uns, die Reue der Vergangenheit und die Ängste vor der Zukunft loszulassen und uns auf das Hier und Jetzt zu konzentrieren.

Übung 1: Das Ritual des Neuanfangs

- Jeden Morgen, gleich nach dem Aufwachen, nimm dir einen Moment Zeit, um tief durchzuatmen und darüber nachzudenken, was du an diesem Tag erreichen möchtest. Konzentriere dich auf eine positive Sache, die du für dich selbst oder für andere tun kannst, und verpflichte dich, den Tag mit Absicht zu leben. Dieses einfache Ritual wird dir helfen, jeden Tag mit einem Gefühl von Zielstrebigkeit und Dankbarkeit zu beginnen.

Übung 2: Das Loslassen der Vergangenheit

- Am Ende jedes Tages nimm dir ein paar Minuten Zeit, um über das Geschehene nachzudenken. Schreibe auf ein Blatt Papier, was du loslassen möchtest – negative Gedanken, Sorgen oder Reue – und zerreiße das Blatt anschließend, um symbolisch diese Gedanken loszulassen. Diese Übung wird dir helfen, den Tag abzuschließen und dich darauf vorzubereiten, den neuen Tag mit einem freien und offenen Geist zu beginnen.

Der Berg und der Wind

In einem abgelegenen Dorf am Fuße eines majestätischen Berges lebte ein weiser, alter Mann namens Lama Dorje. Sein tiefer Blick und seine unerschütterliche Ruhe waren allen bekannt, doch der junge Mönch Kelsang, der sich oft von seinen Emotionen überwältigt fühlte, konnte nicht verstehen, wie man diese innere Gelassenheit erreichen konnte. Jeden Tag näherte sich Kelsang Lama Dorje mit Fragen zur inneren Ruhe, auf der Suche nach einer Antwort, die das Unwetter in ihm besänftigen könnte.

Eines Tages beschloss Lama Dorje, Kelsang auf einem Pfad entlang des Berges mitzunehmen. Während sie gingen, begann ein heftiger Wind zu wehen, ließ die Blätter der Bäume erzittern und wirbelte Staub auf. Der Wind heulte zwischen den Felsen, aber der Berg blieb unbewegt, fest in seiner majestätischen Größe.

„Siehst du, Kelsang", sagte Lama Dorje und hielt auf einem Felsvorsprung an, von dem aus man das ganze Tal überblicken konnte, „dieser Berg steht fest und unbeweglich, selbst wenn der Wind am stärksten ist. Die Emotionen und Gedanken, die dich beunruhigen, sind wie dieser Wind: Sie versuchen, dich zu erschüttern, dich mit sich zu reißen, aber du kannst dich entscheiden, wie der Berg zu sein, verwurzelt in deinem Wesen. Innere

Ruhe bedeutet nicht die Abwesenheit von Stürmen, sondern die Fähigkeit, stabil zu bleiben, auch wenn um dich herum alles in Bewegung ist."

Kelsang betrachtete den Berg und verstand zum ersten Mal wirklich die Bedeutung der Worte seines Meisters. Er fühlte, wie ein Frieden in seinem Herzen wuchs, eine Gelassenheit, die nicht aus dem Fehlen von Emotionen, sondern aus dem Bewusstsein erwuchs, dass er sie beobachten konnte, ohne von ihnen überwältigt zu werden.

Von diesem Tag an begann Kelsang, innere Stabilität zu praktizieren, und versprach sich selbst, wie der Berg zu sein: fest, ruhig, trotz der Winde des Lebens.

Zen-Philosophie

Im Zen-Buddhismus wird der Berg oft als Metapher verwendet, um innere Stabilität und Stärke darzustellen. Die Meditationspraxis lehrt uns, in unserem Wesen verwurzelt zu bleiben, sodass wir Gedanken und Emotionen als vorübergehende Phänomene beobachten können, ohne uns mit ihnen zu identifizieren. Wie ein Berg zu sein bedeutet, den Frieden und die Gelassenheit zu bewahren, selbst inmitten der Stürme des Lebens, und eine Ruhe zu reflektieren, die aus der Akzeptanz und dem tiefen Verständnis unserer wahren Natur erwächst.

Reflexionen

Die Geschichte von Kelsang und Lama Dorje lädt uns ein, darüber nachzudenken, wie wir unsere innere Ruhe angesichts der Herausforderungen des Lebens bewahren können. Oft lassen wir unsere Emotionen unsere Gelassenheit erschüttern, so wie der Wind die Baumkronen zum Schwanken bringt. Aber was würde geschehen, wenn wir lernen könnten, wie der Berg zu sein, fest und verwurzelt in unserem Wesen, unabhängig davon, was um uns herum geschieht?

Lama Dorje lehrt uns, dass wahre Stärke nicht darin liegt, die äußeren Umstände zu kontrollieren, sondern in der Fähigkeit, innerlich stabil und zentriert zu bleiben. Wenn wir uns entscheiden, uns nicht von den Winden der Emotionen überwältigen zu lassen, entdecken wir eine tiefe Ruhe, die uns befähigt, das Leben mit Weisheit und Gelassenheit zu meistern.

Hast du schon einmal eine Situation erlebt, in der deine Emotionen dich wie ein Blatt im Wind hin- und hergerissen haben? Wie könntest du innere Stabilität kultivieren, um selbst in den turbulentesten Situationen fest und ruhig zu bleiben?

Positive Psychologie

Die positive Psychologie betont die Bedeutung der emotionalen Resilienz, die uns ermöglicht, Ruhe und Stabilität auch angesichts von Widrigkeiten zu bewahren. Die Fähigkeit, unsere Emotionen zu beobachten, ohne von ihnen überwältigt zu werden, ist entscheidend für unser mentales und körperliches Wohlbefinden. Das Kultivieren innerer Stabilität reduziert nicht nur Stress, sondern hilft uns auch, ausgeglichener und reflektierter auf die täglichen Herausforderungen zu reagieren und damit unsere Lebensqualität zu verbessern.

Übung 1: Verwurzelung in der Natur

- Finde einen Platz im Freien, wo du in Ruhe sitzen kannst, vorzugsweise in der Nähe eines Baumes oder auf einem festen Felsen. Schließe die Augen und stelle dir vor, du seist wie ein Berg: solide, verwurzelt, unbeweglich. Spüre den Kontakt deines Körpers mit der Erde und lasse deinen Atem ruhig und tief werden. Diese Übung wird dir helfen, ein Gefühl von Stabilität und Verwurzelung zu entwickeln, das du in stressigen Situationen abrufen kannst.

Übung 2: Beobachtung der Gedanken

- Nimm dir im Laufe des Tages die Zeit, jeden Gedanken zu beobachten, der in deinem Geist auftaucht, ohne ihn zu bewerten oder zu verändern. Stelle dir vor, deine Gedanken seien wie Wolken, die am Himmel vorüberziehen: Beobachte, wie sie erscheinen, sich verändern und verschwinden. Diese Praxis wird dir helfen, ein größeres Bewusstsein für deine Denkmuster zu entwickeln und deine Fähigkeit zu stärken, ruhig und stabil zu bleiben, wie ein Berg, selbst wenn dein Geist in Bewegung ist.

 Extra-Bonus

HOLEN SIE SICH JETZT IHREN BONUS!

BONUS jetzt herunterladen!
SCANN DEN QR-CODE

https://drive.google.com/drive/folders/1SBbsXCRcHymEpdmuv edMZFHU0W4-NBix

KAPITEL IV
Beziehungen und Liebe

Der Korb mit Früchten

In einem abgelegenen Dorf, versteckt zwischen den sonnengetränkten Hügeln, lebte eine alte Frau namens Amala. Ihr Leben war einfach und bescheiden, doch ihr Herz war weit wie der Horizont, den sie jeden Tag von ihrem kleinen Garten aus betrachtete. Jeden Morgen, mit sanften und geduldigen Händen, bearbeitete sie die Erde und ließ süße, saftige Früchte wachsen, die ihre einzige Nahrungsquelle waren.

Eines Tages, während sie die reifen Früchte in einen Korb aus Weidengeflecht sammelte, klopfte ein müder und hungriger Reisender an ihre Tür. Sein Gesicht war vom langen Marsch unter der unbarmherzigen Sonne gezeichnet. „Gute Frau", sagte er mit schwacher Stimme, „ich bin lange gereist und habe nichts zu essen. Könntest du mir etwas zu essen geben?"

Ohne zu zögern, sah Amala auf den Korb voller Früchte, die sie gerade gesammelt hatte. Es waren wenige, aber es war alles, was sie an diesem Tag zu essen hatte. Doch in ihrem Herzen gab es keine Zweifel. Mit einem Lächeln, das ihr zerfurchtes Gesicht erhellte, reichte sie dem Reisenden

den Korb. „Nimm", sagte sie sanft, „diese Früchte werden dir die Kraft geben, deine Reise fortzusetzen"

Der Reisende, überrascht von ihrer Großzügigkeit, schaute sie mit Dankbarkeit an. „Aber gute Frau", rief er aus, „das ist alles, was du hast. Warum gibst du alles weg?"

Amala, mit der Gelassenheit eines Menschen, der das Geheimnis des wahren Reichtums kennt, antwortete: „Mein Herz wird jedes Mal reicher, wenn ich teile, was ich habe. Wahre Fülle misst sich nicht daran, wie viel wir besitzen, sondern daran, wie viel wir bereit sind zu geben. Wenn wir geben, was wir haben, selbst wenn es wenig ist, nähren wir nicht nur den Körper, sondern auch die Seele."

Der Reisende nahm den Korb mit zitternden Händen, tief bewegt von den Worten der Frau. Als er sich entfernte, spürte er, dass nicht nur das Essen ihn gesättigt hatte, sondern die Großzügigkeit, die sein Herz berührt und ihn reicher gemacht hatte als je zuvor.

Zen-Philosophie

Im Zen-Buddhismus wird Großzügigkeit als Ausdruck unserer wahren Natur betrachtet. Es ist nicht so sehr das, was wir geben, das zählt, sondern die Absicht und das Herz, das wir in das Geschenk legen. Wie Amala uns lehrt, liegt der wahre Reichtum nicht in materiellen Dingen, sondern in der Fähigkeit, das, was wir haben, mit anderen zu teilen, in dem Wissen, dass jeder Akt der Großzügigkeit nicht nur den Empfänger, sondern auch den Geber bereichert.

Reflexionen

Die Geschichte von Amala und dem Reisenden lädt uns ein, über die Natur der Großzügigkeit nachzudenken. Oft denken wir, dass wir viel haben müssen, um großzügig zu sein, aber Amala zeigt uns, dass selbst die kleinste Geste, wenn sie von Herzen kommt, eine tiefgreifende Wirkung haben kann. Wie würde sich unser Leben verändern, wenn wir diese Sichtweise der Großzügigkeit annehmen würden, jede Gelegenheit zum Geben als eine Möglichkeit zu sehen, uns selbst und andere zu bereichern?

Hast du jemals das Gefühl gehabt, dass dich das Teilen von etwas Wertvollem reicher gemacht hat, trotz des materiellen Verlusts? Wie kannst du in deinem täglichen Leben eine Fülle-Mentalität entwickeln, indem du erkennst, dass wahrer Reichtum im Geben liegt?

Positive Psychologie

Die positive Psychologie betont, dass Akte der Großzügigkeit nicht nur das Wohlbefinden des Empfängers verbessern, sondern auch das des Gebers. Das Teilen dessen, was wir haben, selbst wenn es wenig ist, kann zu größerer Zufriedenheit und Glück führen und ein Gefühl der Verbundenheit mit anderen fördern. Großzügigkeit kann auch Stress abbauen und unser Gefühl für Sinn und Zweck im Leben stärken.

Übung 1: Tägliche Praxis der Großzügigkeit

- Suche jeden Tag nach einer Gelegenheit, etwas mit anderen zu teilen. Es muss kein großer Akt sein, auch ein Lächeln, ein Kompliment oder eine kleine Hilfeleistung kann einen Unterschied machen. Am Ende des Tages reflektiere, wie dieser Akt der Großzügigkeit deine Stimmung und deine Sicht auf das Leben beeinflusst hat.

Übung 2: Entwicklung einer Fülle-Mentalität

- Nimm dir einen Moment Zeit, um über all die Ressourcen und Segnungen in deinem Leben nachzudenken, selbst diejenigen, die du oft für selbstverständlich hältst. Schreibe eine Liste dieser Dinge und denke darüber nach, wie du sie mit anderen teilen kannst, sei es deine Zeit, deine Fähigkeiten oder einfach etwas Aufmerksamkeit und Fürsorge. Diese Übung wird dir helfen, eine Fülle-Mentalität zu entwickeln und zu erkennen, dass es immer etwas zu geben gibt, unabhängig davon, wie viel du materiell besitzt.

Gewicht der Tränen

In einem ruhigen Bergdorf, umgeben von gewundenen Pfaden und majestätischen Bäumen, wanderte ein Mönch namens Rinchen und meditierte über Mitgefühl. Eines Tages, als er den Weg zum Tempel entlangging, fand er ein Kind, das verzweifelt am Wegesrand weinte. Tränen strömten über seine Wangen und benetzten den Staub unter ihm. Anstatt sofort Trost zu spenden, setzte sich Rinchen schweigend neben das Kind.

Nach einer Weile schloss Rinchen die Augen und ließ eine Träne über sein Gesicht rollen, während er still neben dem Kind weinte. Das Kind, überrascht, hörte auf zu weinen und beobachtete den Mönch. Mit zitternder Stimme fragte es: „Warum weinst du, Mönch? Ich bin derjenige, der alles verloren hat, nicht du."

Rinchen öffnete die Augen und antwortete sanft: „Ich weine, weil ich das Gewicht deiner Tränen fühle, als wären sie meine eigenen. Deinen Schmerz zu teilen, ist der erste Schritt, ihn zu lindern. Du bist in deinem Schmerz nicht allein, denn ein Herz, das wirklich fühlt, kann nicht anders, als im Einklang mit dem Herzen des anderen zu schlagen."

Das Kind spürte die Aufrichtigkeit des Mönchs und fühlte, wie sein eigener Schmerz leichter wurde, als ob eine unsichtbare Last von seiner

Brust genommen worden wäre. In diesem Moment verstand es, dass wahrer Trost nicht in Worten liegt, sondern in der empathischen Präsenz von jemandem, der bereit ist, mit uns zu fühlen.

Zen-Philosophie

Im Zen-Buddhismus gilt Empathie als eine erhabene Form des Mitgefühls, bei der wir nicht nur den Schmerz des anderen erkennen, sondern ihn aktiv teilen. Durch diese tiefe Verbindung können wir das Leiden lindern und Frieden und Erleichterung bringen, nicht nur den anderen, sondern auch uns selbst. Die Zen-Praxis lehrt uns, präsent zu sein, mit offenem Herzen zu fühlen und die Einheit zu sehen, die alle Lebewesen verbindet.

Reflexionen

Die Geschichte von Rinchen und dem Kind lädt uns ein, über die Kraft der Empathie nachzudenken. Oft sind wir versucht, angesichts des Schmerzes anderer schnelle Lösungen oder oberflächliche Worte des Trostes anzubieten. Aber was würde passieren, wenn wir uns stattdessen die Zeit nehmen würden, wirklich mit dem anderen zu fühlen, sein Gewicht zu teilen? Rinchen lehrt uns, dass Empathie nicht nur ein Akt der Freundlichkeit ist, sondern eine wahre Umarmung der Seele, die die tiefsten Wunden heilen kann.

Hast du jemals die Zeit genommen, wirklich auf den Schmerz eines anderen zu hören, ohne sofort zu versuchen, ihn zu lösen? Wie würde sich deine Beziehung zu anderen verändern, wenn du lernen würdest, auch nur einen Moment lang ihr Gewicht zu teilen?

Positive Psychologie

Die positive Psychologie betont die Bedeutung von Empathie für den Aufbau tiefer und bedeutungsvoller Beziehungen. Den Schmerz des anderen zu teilen, kann nicht nur das Leiden lindern, sondern auch ein Gefühl von Verbindung und gegenseitigem Verständnis schaffen. Empathie ist ein mächtiges Werkzeug, um Vertrauen aufzubauen und das emotionale Wohlbefinden sowohl für den Gebenden als auch für den Empfangenden zu fördern.

Übung 1: Praxis der tiefen Empathie

- Nimm dir Zeit, um einem geliebten Menschen zuzuhören, der eine schwierige Zeit durchmacht. Anstatt sofort Ratschläge zu geben, versuche, mit seinen Emotionen in Einklang zu kommen, indem du seinen Zustand ohne Urteil teilst. Achte darauf, wie sich die Qualität deiner Interaktion verändert und wie du dich danach fühlst.

Übung 2: Tagebuch der Empathie

- Jeden Abend, während du über deinen Tag nachdenkst, schreibe über einen Moment, in dem du Empathie für jemanden gespürt hast. Notiere, wie du dich gefühlt hast und wie du glaubst, dass deine Haltung die Situation beeinflusst hat. Mit der Zeit wird dir diese Übung helfen, ein größeres Bewusstsein für deine Fähigkeit zur Verbindung mit anderen zu entwickeln.

Das Kind und das Herz aus Stein

In einem kleinen Dorf am Rande eines alten Waldes lebte ein Junge namens Rinzen, bekannt für seine Sanftmut und seine Liebe zu den einfachen Dingen. Eines Tages, während er in der Nähe eines klaren Baches spielte, fand er einen Stein in Form eines Herzens. Der Stein war kalt und hart, mit einer rauen Oberfläche, die undurchdringlich schien. Doch Rinzen fühlte eine seltsame Anziehungskraft zu diesem Stein und beschloss, ihn mit nach Hause zu nehmen.

Jede Nacht, bevor er einschlief, hielt Rinzen den Stein in seinen Händen und sprach liebevoll mit ihm. Er erzählte ihm von seinen Tagen, seinen Träumen und seinen Hoffnungen. Er behandelte den Stein wie einen lieben Freund und glaubte daran, dass auch ein Stein auf die Wärme des Herzens reagieren könnte.

Mit der Zeit geschah etwas Außergewöhnliches. Der Stein, der einst kalt und unbeweglich war, begann sich zu erwärmen, wurde glatt und angenehm zu berühren, als wäre er von der Sonne berührt worden. Die Dorfbewohner, überrascht von dieser Veränderung, fragten den Jungen, wie er es geschafft hatte, diesen kalten Stein in etwas so Warmes und Lebendiges zu verwandeln.

Rinzen, mit der Einfachheit, die nur ein Kind haben kann, antwortete mit einem Lächeln: "Es ist ganz einfach, ich habe ihn geliebt."

Zen-Philosophie

Im Zen-Buddhismus wird Mitgefühl als eine transformative Kraft angesehen, die selbst die härtesten Seelen erweichen und Wärme in die Kälte bringen kann. Bedingungslos zu lieben, selbst das, was unbelebbar oder fern erscheint, ist ein Weg, unsere Verbindung zu allen Wesen und zum gesamten Universum wiederzuentdecken.

Reflexionen

Die Geschichte von Rinzen lädt uns ein, über die Kraft des Mitgefühls und der bedingungslosen Liebe nachzudenken. In einer oft harten und gleichgültigen Welt können wir uns fragen: Wie bereit sind wir, das zu lieben, was kalt und distanziert erscheint? Die Antwort des Kindes erinnert uns daran, dass die Wärme unseres Herzens selbst die schwierigsten Situationen verändern kann und das, was unerschütterlich scheint, erweichen kann.

Hast du jemals versucht, Liebe und Freundlichkeit zu etwas oder jemandem zu schenken, das oder der gleichgültig oder feindselig wirkte? Wie könnte sich deine Sicht auf die Welt verändern, wenn du dich dafür entscheidest, auch das zu lieben, was unveränderlich erscheint?

Positive Psychologie

Die positive Psychologie betont die Bedeutung von Mitgefühl nicht nur gegenüber anderen, sondern auch gegenüber uns selbst. Bedingungslos zu lieben, wie es Rinzen tat, kann eine tiefgreifende Wirkung auf unser emotionales Wohlbefinden haben. Mitgefühl erweicht nicht nur andere, sondern transformiert auch uns selbst und schafft einen positiven Kreislauf von Liebe und Akzeptanz.

Übung 1: Praxis des Aktiven Mitgefühls

- Wähle ein Objekt, eine Person oder eine Situation in deinem Leben, die dir besonders schwierig oder kalt erscheint. Widme jeden Tag ein paar Minuten, um liebevolle und mitfühlende Gedanken darauf zu richten. Beachte, wie diese Übung deine Einstellung verändert und im Laufe der Zeit auch deine Wahrnehmung dieses Objekts oder dieser Person.

Übung 2: Tagebuch der Transformation

- Führe ein Tagebuch, in dem du jedes Mal notierst, wenn du dich dafür entschieden hast, mit Mitgefühl auf eine schwierige Situation zu reagieren. Lies diese Episoden nach einem Monat noch einmal und reflektiere darüber, wie diese Praxis nicht nur die Situation, sondern auch dich selbst verändert hat.

Die Blume, die die Sonne umarmt

In einem Tal, wo die Berge sich zum Himmel erheben und die Felder sich wie ein grünes Meer ausbreiten, stand eine Blume, die sich jeden Tag der Sonne zuwandte und sie mit ihren goldenen Blütenblättern umarmte. Diese Blume bewegte sich nie von ihrer Stelle, auch nicht, wenn die Sonne so stark war, dass sie ihre Blätter verbrannte und austrocknete. Eines Tages kam ein Reisender vorbei, und neugierig fragte er die Blume: "Warum wendest du dich immer der Sonne zu, auch wenn sie dir Leid zufügt?"

Die Blume, mit einer Stimme, die wie aus der Erde selbst zu kommen schien, antwortete: "Die Sonne ist nicht nur eine Wärmequelle, sondern der Spender des Lebens für mich und alle Lebewesen. Ohne sie gäbe es kein Leben. Meine Liebe zur Sonne ist nicht egoistisch, sie endet nicht bei meinem persönlichen Schmerz. Diese Liebe ist universell, sie breitet sich über mich hinaus aus, um alle Wesen zu umarmen, die von ihrem Licht profitieren. Indem ich die Sonne umarme, umarme ich das Leben selbst."

Der Reisende, berührt von der Weisheit der Blume, erkannte, dass wahre Liebe keine Grenzen kennt. Es ist eine Liebe, die über das persönliche Leid hinausgeht, um alles, was existiert, zu umfassen, und die bedingungslos Wärme und Licht spendet.

Zen-Philosophie

Im Zen-Buddhismus wird die universelle Liebe als der reinste Ausdruck unserer wahren Natur angesehen. Das Konzept der **Metta**, der liebevollen Güte, verkörpert die Fähigkeit, alle Wesen ohne Diskriminierung zu lieben. Diese Art der Liebe ist unerlässlich, um einen Zustand des inneren Friedens zu erreichen und in Harmonie mit dem Universum zu leben.

Reflexionen

Die Geschichte von der Blume, die die Sonne umarmt, lädt uns ein, über die Natur der universellen Liebe nachzudenken. Oft begrenzen wir unsere Liebe auf diejenigen, die uns nahestehen oder uns gut behandeln, aber was wäre, wenn wir diese Liebe erweitern würden, um alle Wesen einzuschließen, ohne Unterschied? Die Blume lehrt uns, dass wahre Liebe bedingungslos ist, sich nicht vor dem Leid zurückzieht, sondern sich ausdehnt, um jeden Winkel des Lebens zu erleuchten.

Hast du jemals darüber nachgedacht, wie sich dein Leben verändern könnte, wenn du alle Wesen mit derselben Liebe umarmen würdest, die du dir selbst oder deinen Lieben entgegenbringst? Wie könntest du in deinem täglichen Leben eine umfassendere und universellere Liebe kultivieren?

Positive Psychologie

Die positive Psychologie betont die Bedeutung der Kultivierung einer universellen und bedingungslosen Liebe, um das psychische Wohlbefinden zu verbessern. Sich mit allen Wesen verbunden zu fühlen, reduziert das Gefühl der Isolation und fördert ein Gefühl der Zugehörigkeit, das die mentale Gesundheit stärkt. Universelle Liebe fördert harmonischere Beziehungen und eine positivere und integriertere Sicht auf das Leben.

Übung 1: Praxis der universellen Liebe

- Nimm dir jeden Tag ein paar Minuten Zeit, um die Meditation zu praktizieren. Setze dich an einen ruhigen Ort und konzentriere dich auf das Gefühl von Liebe und Güte. Beginne damit, Liebe zu dir selbst zu senden, erweitere sie dann auf die Menschen in deiner Nähe und schließlich auf alle Lebewesen, ohne Unterschied. Beachte, wie diese Übung deine Wahrnehmung der anderen und der Welt um dich herum verändert.

Übung 2: Liebe in Aktion

- Übe täglich Akte der Freundlichkeit, ohne etwas im Gegenzug zu erwarten. Sei es ein kleiner Gefallen oder eine großzügigere Tat, tu jeden Tag etwas, das universelle Liebe ausdrückt. Beobachte, wie diese Gesten deine Stimmung und die der anderen beeinflussen, und wie sie dazu beitragen, eine Umgebung der Liebe und Verbindung zu schaffen.

Die Lampe im Tempel

In einem alten Tempel hoch in den Bergen lebte ein Mönch namens Jampa, dessen Herz so ruhig war wie die stillen Wasser eines Bergsees. Jeden Tag widmete Jampa Stunden der Pflege einer kleinen Lampe, die ununterbrochen vor dem Hauptaltar des Tempels brannte. Jeden Morgen bei Sonnenaufgang reinigte er die Lampe sorgfältig, füllte den Öltank auf und entzündete die Flamme mit einem stillen Gebet. Das Licht der Lampe leuchtete stetig, auch wenn niemand anwesend war, um es zu sehen.

Eines Tages beobachtete ein Reisender, der am Tempel vorbeikam, Jampa bei seinen täglichen Ritualen und fragte neugierig: „Warum widmest du dieser Lampe so viel Zeit und Aufmerksamkeit, wenn es scheint, dass niemand sie bemerkt oder schätzt?"

Jampa lächelte, ein Lächeln, das die Gelassenheit der Berge widerspiegelte, und antwortete: „Diese Lampe ist wie die wahre Liebe. Auch wenn niemand sie sieht oder anerkennt, erhellt ihr Licht die Dunkelheit. Sie verlangt nichts im Gegenzug, sucht keine Anerkennung, sondern leuchtet einfach, erhellt den Weg für jeden, der sich nähert. Es liegt in ihrer Natur, zu leuchten, ohne Erwartungen."

Der Reisende schwieg, bewegt von der Tiefe dieser Worte, und erkannte, dass die wahre Essenz der Liebe in ihrer Reinheit und Selbstlosigkeit liegt, wie das Licht jener Lampe, das brannte, ohne jemals etwas im Gegenzug zu verlangen.

Zen-Philosophie

Im Zen-Buddhismus wird die bedingungslose Liebe mit einer Lampe verglichen, die stetig leuchtet, ohne Anerkennung oder Belohnung zu suchen. Diese Liebe manifestiert sich nicht durch auffällige Gesten, sondern in der Beständigkeit einer stillen Aufmerksamkeit und einer Präsenz, die das Leben anderer erhellt, ohne etwas im Gegenzug zu verlangen. Es ist ein inneres Licht, das weiterhin leuchtet, genährt von der einfachen Freude am Sein und Geben.

Reflexionen

Die Geschichte von Jampa und der Lampe lädt uns dazu ein, über die Art und Weise nachzudenken, wie wir Liebe in unserem Leben leben. Oft suchen wir Anerkennung, Zustimmung oder Belohnungen für unsere Gesten der Zuneigung und Hingabe. Aber was würde geschehen, wenn wir lernen würden, Liebe wie diese Lampe zu geben, ohne Erwartungen, einfach aus der Freude heraus, das Leben anderer zu erhellen?

Die wahre Liebe braucht weder gesehen noch anerkannt zu werden, um wertvoll zu sein. Sie existiert in ihrer Reinheit und erhellt still die dunkelsten Orte, ohne jemals etwas im Gegenzug zu verlangen.

Positive Psychologie

Die Positive Psychologie betont die Bedeutung der bedingungslosen Liebe für das emotionale Wohlbefinden und die persönliche Zufriedenheit. Eine Liebe zu pflegen, die keine Belohnungen sucht, sondern sich in

Beständigkeit und Präsenz zeigt, kann die Angst vor der Anerkennung verringern und unser Selbstwertgefühl stärken.

Übung 1: Praxis der Bedingungslosen Liebe

- Nimm dir jeden Tag Zeit, um eine Geste der Liebe oder Freundlichkeit zu machen, ohne etwas im Gegenzug zu erwarten. Es kann ein Lächeln sein, eine angebotene Hilfe oder einfach ein freundlicher Gedanke, der jemandem gewidmet ist. Achte darauf, wie du dich dabei fühlst, wenn du gibst, ohne Erwartungen.

Übung 2: Das Stille Licht

- Finde einen Moment der Ruhe und zünde eine Kerze oder Lampe an. Setz dich in Stille und beobachte das Licht, während du darüber nachdenkst, wie es leuchtet, ohne etwas im Gegenzug zu verlangen. Meditiere darüber, wie du dieses Licht in deinem täglichen Leben verkörpern kannst, indem du Liebe und Freundlichkeit gibst, ohne Erwartungen.

Der Gelöste Knoten

In einem kleinen Bergdorf lebte ein junger Mönch namens Tashi, bekannt für seinen starrköpfigen Charakter und ein Herz, das von Groll beschwert war. Er hatte eine Beleidigung von einem Mitbruder erlitten und konnte weder vergessen noch vergeben. Der Groll lastete schwer auf seinem Herzen, machte seine Tage bitter und friedlos.

Eines Tages führte ihn Lama Norbu, sein Meister, in eine ruhige Ecke des Klosters und zeigte ihm ein fest verknotetes Seil. „Tashi", sagte der Lama mit ruhiger Stimme, „ich möchte, dass du diesen Knoten löst."

Der junge Mönch packte das Seil mit beiden Händen und begann mit aller Kraft zu ziehen, in der Hoffnung, den Knoten zu lösen. Doch je mehr er zog, desto fester wurde der Knoten, fast unmöglich zu entwirren. Lama Norbu beobachtete schweigend, bis er sagte: „Um einen Knoten zu lösen, braucht es keine Kraft. Es erfordert Geduld und Sanftmut, die Seile langsam zu lockern. So ist es auch mit der Vergebung. Du kannst dein Herz nicht mit Wut befreien, sondern nur mit Mitgefühl und Geduld."

Tashi, der den Worten seines Meisters lauschte, hielt inne und begann behutsam an dem Seil zu arbeiten, den Knoten Stück für Stück zu lockern. Während er den Knoten löste, spürte er, wie sich der Groll in seinem Herzen auflöste. Er verstand, dass Vergebung kein Akt der Stärke ist, sondern ein Prozess der Befreiung, der Sanftmut gegenüber sich selbst und anderen.

Zen-Philosophie

Im Zen-Buddhismus wird Vergebung als ein Weg der inneren Befreiung gesehen. Es geht nicht darum, die Beleidigung zu vergessen, sondern die Fesseln des Grolls, die uns gefangen halten, zu lösen. Wie ein Knoten, der mit Geduld und Sorgfalt gelöst wird, so wird das Herz vom Ballast der Vergangenheit durch Mitgefühl und Akzeptanz befreit.

Reflexionen

Die Geschichte von Tashi und Lama Norbu lädt uns dazu ein, darüber nachzudenken, wie wir mit Groll und Schmerz umgehen. Oft glauben wir, dass Kraft und Entschlossenheit ausreichen, um Verletzungen zu überwinden, aber Lama Norbu lehrt uns, dass die wahre Stärke in Sanftmut und Geduld liegt. Wenn wir uns entscheiden, die Knoten des Grolls mit Liebe zu lösen, finden wir den Weg zum inneren Frieden.

Hast du jemals versucht, einen festen Knoten in deinem Herzen mit Gewalt zu lösen, in der Hoffnung, den Schmerz loszuwerden? Wie würde sich dein Ansatz ändern, wenn du stattdessen versuchst, ihn mit Geduld und Mitgefühl zu lösen?

Positive Psychologie

Die positive Psychologie betont die Bedeutung der Vergebung als Instrument der Heilung und des persönlichen Wachstums. Vergebung ist nicht nur ein Akt gegenüber anderen, sondern ein Geschenk, das wir uns selbst machen, indem wir uns von den Lasten negativer Emotionen befreien. Lernen, mit Geduld und Sanftmut zu vergeben, verbessert das emotionale Wohlbefinden und stärkt unsere Resilienz.

Übung 1: Praxis der schmerzhaften Vergebung

- Nimm ein Blatt Papier und schreibe den Namen einer Person auf, der du schwer vergeben kannst. Notiere dann neben ihrem Namen den Grund für deinen Groll. Lies, was du geschrieben hast, und versuche zu verstehen, wie dieser Groll dich beeinflusst hat. Zerreiße dann das Blatt als Symbol deines Wunsches, den Groll loszulassen und den Prozess der Vergebung zu beginnen.

Übung 2: Meditation des gelösten Knotens

- Setze dich an einen ruhigen Ort und schließe die Augen. Stelle dir vor, dein Herz sei wie ein verknotetes Seil, wobei jeder Knoten einen nicht gelösten Groll oder Schmerz darstellt. Visualisiere, wie du diese Knoten mit Sanftmut und Geduld lockerst. Wiederhole mental: „Mit Sanftmut und Mitgefühl löse ich jeden Knoten in meinem Herzen." Spüre, wie sich der Groll auflöst und der Frieden dein Wesen erfüllt.

Das Spinnennetz des Lebens

In einer ruhigen Nacht, im Herzen eines alten Klosters, das tief im Wald lag, saß ein junger Mönch namens Sönam in stiller Meditation neben einem offenen Fenster. Das Mondlicht schimmerte durch die Zweige der Bäume und beleuchtete sanft eine Spinne, die geduldig und präzise ihr Netz spann. Fasziniert beobachtete Sönam, wie jeder feine Faden seinen Platz im komplexen Geflecht fand und zur Stärke und Harmonie des gesamten Netzes beitrug.

Versunken in seinen Gedanken, erkannte der Mönch, wie auch der kleinste Teil eine wesentliche Rolle dabei spielte, das Gleichgewicht zu bewahren. Jeder Faden schien für sich allein unbedeutend, und doch schufen sie zusammen etwas Starkes und Widerstandsfähiges.

Sein Meister, Lama Norbu, trat leise heran und sprach mit ruhiger Stimme, als er die intensive Meditation von Sönam bemerkte: "Sönam, das Leben ist wie dieses Spinnennetz, das dich so fasziniert. Jedes Wesen, jede Handlung ist ein Faden, der sich mit den anderen verwebt und ein größeres, tieferes Muster bildet, als wir uns vorstellen können. Wenn wir dieses Netz der Verbundenheit erkennen, können wir nur in Harmonie und Respekt leben, im Wissen, dass jede unserer Taten Auswirkungen auf das gesamte Geflecht des Lebens hat."

Diese Worte hallten tief in Sönam wider, wie ein Echo in der Stille der Nacht. Er verstand, dass es keine Trennung zwischen ihm und den anderen gab, dass jede seiner Handlungen, so klein sie auch sein mochten, zum Ganzen beitrugen. In diesem Moment spürte er eine tiefe Bewusstheit und Mitgefühl für jedes Lebewesen, wie ein neuer Faden, der sich dem Spinnennetz seiner Existenz hinzufügte.

Zen-Philosophie

Im Zen-Buddhismus ist das Bewusstsein für die Verbundenheit aller Wesen von grundlegender Bedeutung. Jede Handlung, die wir ausführen, hat Auswirkungen auf alles, was uns umgibt, und nur durch das Erkennen dieses unsichtbaren Netzes können wir in Einklang mit uns selbst und der Welt leben. Das Spinnennetz steht für das Geflecht des Lebens, in dem jeder Faden eine Rolle und Verantwortung trägt.

Reflexionen

Die Geschichte von Sönam und dem Spinnennetz lädt uns dazu ein, über unsere Verbundenheit mit allen Wesen nachzudenken. Oft sehen wir uns als getrennte Einheiten, aber was wäre, wenn wir erkennen würden, dass jede unserer Handlungen, jeder Gedanke Auswirkungen auf unsere Mitmenschen hat? Lama Norbu lehrt uns, dass Harmonie bedeutet, diese Wahrheit zu erkennen und mit Bewusstsein und Mitgefühl zu handeln.

Hast du jemals darüber nachgedacht, wie deine Handlungen andere beeinflussen? Wie würde sich dein Leben verändern, wenn du immer mit dem Bewusstsein handeln würdest, Teil eines großen Ganzen zu sein?

Positive Psychologie

Die positive Psychologie betont die Bedeutung des Bewusstseins für die menschliche Verbundenheit, um altruistisches Verhalten zu fördern und stärkere, bedeutungsvollere Beziehungen aufzubauen. Die Erkenntnis, dass unsere Handlungen Auswirkungen auf andere haben, kann uns helfen, mit mehr Empathie und Verantwortung zu leben und so unser persönliches und kollektives Wohlbefinden zu verbessern.

Übung 1: Achtsamkeit der Verbundenheit

- Nimm dir jeden Tag einige Minuten Zeit, um darüber nachzudenken, wie deine Handlungen andere beeinflussen, auch auf kleine und kaum wahrnehmbare Weise. Denke über eine kürzlich getätigte Handlung nach und folge gedanklich ihren Auswirkungen auf andere Menschen oder Situationen. Dies wird dir helfen, ein größeres Bewusstsein für deine Verantwortung und deine Rolle in der Gemeinschaft zu entwickeln.

Übung 2: Mitgefühl kultivieren

- Verpflichte dich, jeden Tag eine freundliche Tat zu vollbringen, im Bewusstsein des positiven Einflusses, den sie auf andere haben kann. Es kann eine einfache Geste sein, wie ein Lächeln oder eine Hilfeleistung, aber tue es mit der Absicht, das Netz der Verbundenheit zu stärken. Denke am Ende des Tages darüber nach, wie diese Geste dein Gemüt und das Wohlbefinden der Menschen um dich herum beeinflusst hat.

KAPITEL V

Inneren Frieden Erreichen

Die Lotusblume im Schlamm

In einem versteckten Garten in den heiligen Bergen von Sikkim, wo die Stille der Natur nur vom Gesang der Vögel unterbrochen wurde, beobachtete ein junger Mönch namens Karma voller Bewunderung eine Lotusblume, die majestätisch aus dem Schlamm hervorsprießte. Ihre Blütenblätter waren so rein und leuchtend, ein überraschender Kontrast zu dem dunklen und feuchten Boden, der sie umgab.

Erfüllt von Staunen, näherte sich Karma seinem Meister, Lama Rinchen, der unweit entfernt meditierte. "Meister," fragte er mit aufrichtiger Neugier, "wie kann eine so außergewöhnliche Blume in einer so schmutzigen und unreinen Umgebung wachsen?"

Lama Rinchen, mit einem Lächeln, das die Weisheit der Jahrhunderte widerspiegelte, antwortete: "Der Lotus, mein Sohn, ist ein Symbol für Akzeptanz und Transformation. Er versucht nicht, den Schlamm, in dem er seine Wurzeln hat, zu verändern, sondern umarmt ihn, nährt sich davon und verwandelt die Unreinheit in Schönheit. So müssen auch wir im Leben lernen, die Umstände, in denen wir uns befinden, zu akzeptieren und dennoch zu wachsen, indem wir selbst in den größten Herausforderungen Schönheit finden. Wie der Lotus können wir im Schlamm blühen und jede Schwierigkeit in eine Chance für Wachstum verwandeln."

Diese Worte klangen tief in Karmas Herzen nach. Er verstand, dass auch er, wie der Lotus, in jeder Situation Kraft und Schönheit finden konnte, ohne gegen die Realität anzukämpfen, sondern sie zu akzeptieren und zu transformieren. Von diesem Tag an begann er, Schwierigkeiten nicht mehr als Hindernisse, sondern als fruchtbaren Boden für sein spirituelles Wachstum zu sehen.

Zen-Philosophie

Im Zen-Buddhismus ist der Lotus ein kraftvolles Symbol für Transformation und Akzeptanz. Die Pflanze, die im Schlamm wächst und sich dem Licht entgegenstreckt, symbolisiert den spirituellen Weg eines jeden Individuums, das die Unreinheiten und Schwierigkeiten des Lebens überwinden muss, um Reinheit und Erleuchtung zu erreichen. Die Realität so zu akzeptieren, wie sie ist, ohne sie verändern zu wollen, ist ein wesentlicher Schritt zur Befreiung von Leid und zur Harmonie mit dem Fluss des Lebens.

Reflexionen

Die Geschichte des Lotus und des Mönchs Karma lädt uns dazu ein, darüber nachzudenken, wie wir Schwierigkeiten und Herausforderungen in unserem Leben begegnen. Oft widersetzen wir uns den schwierigen Situationen und wünschen uns, dass sie anders wären, was nur unser Leid verstärkt. Aber was würde passieren, wenn wir, anstatt gegen den Schlamm des Lebens zu kämpfen, lernen würden, ihn zu umarmen und ihn in etwas Schönes zu verwandeln?

Lama Rinchen lehrt uns, dass Akzeptanz der Schlüssel ist, um inneren Frieden zu finden und Herausforderungen in Chancen für Wachstum zu verwandeln. Jede Schwierigkeit kann, wenn wir sie mit anderen Augen sehen, zu einem fruchtbaren Boden für unsere Weiterentwicklung werden.

Hast du schon einmal eine schwierige Situation erlebt, die dir letztendlich geholfen hat, zu wachsen? Wie könntest du die Lehre des Lotus in deinem Alltag anwenden, um auch in den größten Herausforderungen Schönheit und Sinn zu finden?

Positive Psychologie

Die positive Psychologie betont die Bedeutung der Akzeptanz für das emotionale und geistige Wohlbefinden. Die Realität so zu akzeptieren, wie sie ist, ohne zu versuchen, sie zu verändern oder zu bekämpfen, verringert den inneren Widerstand und die Angst, sodass wir Schwierigkeiten mit größerer Gelassenheit und Resilienz begegnen können. Wie der Lotus, der im Schlamm blüht, können auch wir in den schwierigsten Bedingungen aufblühen und Stärke und Schönheit in unseren Erfahrungen finden.

Übung 1: Akzeptanz kultivieren

- Nimm dir jeden Tag ein paar Minuten Zeit, um über eine schwierige Situation oder einen Aspekt deines Lebens nachzudenken, den du als besonders herausfordernd empfindest. Anstatt zu wünschen, dass die Situation anders wäre, versuche, sie so zu akzeptieren, wie sie ist, und darüber nachzudenken, wie sie dein persönliches Wachstum fördern könnte. Achte darauf, wie diese Praxis dir hilft, Stress abzubauen und selbst in Schwierigkeiten Gelassenheit zu finden.

Übung 2: Den Schlamm in Schönheit verwandeln

- Nimm eine vergangene Erfahrung, die dir Schmerz oder Leid verursacht hat. Denke darüber nach, wie diese Erfahrung dir geholfen hat, zu wachsen oder stärker zu werden. Schreibe eine kurze Geschichte darüber, wie du diese Schwierigkeit in eine Wachstumschance verwandelt hast, so wie der Lotus im Schlamm blüht. Diese Übung wird dir helfen, Herausforderungen in einem neuen Licht zu sehen und eine positivere und widerstandsfähigere Einstellung zum Leben zu entwickeln.

Das Fallende Blatt

In einem stillen Tal, verborgen zwischen den Bergen des Himalaya, war ein junger Mann, der von Frustration über seine Unfähigkeit, die Welt um ihn herum zu verändern, verzehrt wurde. Er suchte den Rat eines alten Weisen, Lama Dorje. Mit schwerem Herzen vertraute der junge Mann dem Weisen sein Verlangen an, die Realität zu verändern, und seinen Kummer darüber, dass er es nicht konnte.

Lama Dorje hörte aufmerksam zu und führte ihn in einen nahegelegenen Wald, wo die goldenen Blätter der Bäume sanft von den Ästen fielen, getragen von der Herbstbrise. Sie blieben unter einem mächtigen Baum stehen, und Lama Dorje zeigte auf ein Blatt, das sich langsam vom Zweig löste und begann, zum Boden zu schweben. "Sieh dir dieses Blatt an", sagte er mit ruhiger und beruhigender Stimme. "Es widersteht seinem Schicksal nicht, klammert sich nicht an den Zweig und kämpft nicht gegen den Wind. Es lässt sich tragen und akzeptiert seinen Weg. So sollten auch wir sein: Die Akzeptanz dessen, was wir nicht ändern können, ist keine

Form der Resignation, sondern ein Akt tiefer Weisheit, der uns erlaubt, mit dem Fluss des Lebens zu gehen und Frieden darin zu finden, loszulassen."

Der junge Mann, der beobachtete, wie das Blatt sanft auf dem Boden landete, spürte, wie das Gewicht seiner Angst sich löste und von einem Frieden ersetzt wurde, den er noch nie zuvor gekannt hatte. In diesem Moment verstand er, dass wahre Stärke nicht darin liegt, zu versuchen, das Unveränderliche zu ändern, sondern darin, den natürlichen Lauf des Lebens mit Anmut und Gelassenheit anzunehmen.

Zen-Philosophie

Im Zen-Buddhismus gilt die Akzeptanz als eine wesentliche Tugend, um im Einklang mit dem Fluss des Lebens zu leben. Das Blatt, das sich vom Wind tragen lässt, ist eine kraftvolle Metapher für die Praxis des Loslassens und des Akzeptierens dessen, was wir nicht ändern können, und den Frieden im Nachgeben zu finden. Anstatt gegen das Schicksal zu kämpfen, lernen wir, mit ihm zu tanzen und entdecken, dass wahre Freiheit aus der Akzeptanz entsteht.

Reflexionen

Die Geschichte des jungen Mannes und des fallenden Blattes lädt uns ein, darüber nachzudenken, wie oft wir gegen Dinge kämpfen, die wir nicht kontrollieren können, und uns dabei verzehren, das Unvermeidliche ändern zu wollen. Aber was würde passieren, wenn wir anstatt zu widerstehen, lernen würden, das Leben so zu akzeptieren, wie es ist? Lama Dorje lehrt uns, dass Akzeptanz kein Zeichen von Niederlage ist, sondern von Weisheit, ein Schlüssel, um inneren Frieden zu finden.

Hast du jemals die Frustration verspürt, etwas ändern zu wollen, das außerhalb deiner Kontrolle lag? Wie würde sich dein Leben verändern, wenn du, wie das Blatt, lernen würdest, dich vom Wind tragen zu lassen und den natürlichen Lauf der Ereignisse anzunehmen?

Positive Psychologie

Die positive Psychologie betont die Bedeutung der Akzeptanz als Mittel zur Reduzierung von Stress und zur Förderung des emotionalen

Wohlbefindens. Wenn wir aufhören, gegen das zu kämpfen, was wir nicht ändern können, befreien wir uns von Angst und Frustration und erlauben dem Frieden, in uns zu erblühen. Zu lernen, das Leben mit all seinen Unvollkommenheiten zu akzeptieren, hilft uns, eine stärkere Resilienz und einen tieferen inneren Frieden zu entwickeln.

Übung 1: Praxis des Loslassens

- Nimm dir jeden Tag einen Moment Zeit, um über etwas nachzudenken, das dir Frustration oder Angst bereitet, weil es außerhalb deiner Kontrolle liegt. Stell dir diese Situation als ein Blatt vor, das vom Baum fällt. Stell dir vor, wie du es loslässt und dem Wind erlaubst, es wegzutragen. Beachte, wie sich diese Übung auf deine Stimmung und deine Fähigkeit auswirkt, die Dinge so zu akzeptieren, wie sie sind.

Übung 2: Tagebuch der Akzeptanz

- Schreibe jeden Abend eine kurze Reflexion über eine Situation, die du während des Tages akzeptiert hast, auch wenn es schwer war. Beachte, wie diese Akzeptanz deine Stimmung und Gelassenheit beeinflusst hat. Im Laufe der Zeit wirst du sehen, wie die Akzeptanz deine Herangehensweise an das Leben verändern und den Stress erheblich reduzieren kann.

Die Stille des Meisters

Inmitten der Berge, wo die Wolken den Himmel zu berühren schienen, lag ein altes Kloster, eingebettet in die Ruhe der Natur. Dort lebte ein junger Mönch namens Rinzen, dessen Herz unruhig war in seiner Suche nach innerem Frieden. Jeden Tag, bei Sonnenaufgang, näherte sich Rinzen seinem Meister, Lama Dorje, und fragte mit hoffnungsvollen Augen: „Meister, wie kann ich den Frieden finden?"

Lama Dorje, dessen Augen die Ruhe des tiefen Ozeans widerspiegelten, lächelte nur und schwieg. Er sprach kein Wort, als ob der Wind seine Stimme mit sich genommen hätte. Tag für Tag wiederholte Rinzen seine Frage und erhielt jedes Mal die gleiche stille Antwort. Frustriert und verwirrt, konnte der junge Mönch die Bedeutung dieses Schweigens nicht begreifen.

Eines Morgens, als das Lied der Vögel die Luft erfüllte und die Welt in vollkommener Harmonie zu atmen schien, setzte sich Rinzen, müde vom Suchen nach Antworten in Worten, neben den Meister. Ohne ein Wort zu sprechen, ließ er sich von der Stille, die sie umgab, einhüllen. In diesem

Moment, in dieser Ruhe, die alles zu umfassen schien, verstand Rinzen: Der Frieden, den er so sehr suchte, lag nicht in den Worten, sondern in der Stille des Seins, wo der Geist zur Ruhe kommt und das Herz seinen Frieden findet.

Zen-Philosophie

Im Zen-Buddhismus wird die Stille als wesentlicher Bestandteil der spirituellen Praxis betrachtet. Sie ist nicht nur die Abwesenheit von Geräuschen, sondern ein heiliger Raum, in dem der Geist ruhen und reflektieren kann. In dieser Stille, frei von Ablenkungen, offenbaren sich die tiefsten Wahrheiten unseres Daseins. Hier erweitert sich das Bewusstsein, sodass wir mit unserer wahren Natur in Kontakt treten können.

Reflexionen

Die Geschichte von Rinzen und Lama Dorje lädt uns dazu ein, über die Kraft der Stille nachzudenken. Oft suchen wir Antworten in Worten, in den Ratschlägen anderer und in angehäuftem Wissen. Doch was würde geschehen, wenn wir lernen würden, den Frieden in der Stille zu finden, der Ruhe in uns zu lauschen? Lama Dorje lehrt uns, dass der wahre Meister nicht mit Worten spricht, sondern durch die Stille, die uns zu unserer inneren Wahrheit führt.

Hast du jemals versucht, Antworten in der Stille zu finden? Was entdeckst du, wenn du aufhörst, im Außen zu suchen, und beginnst, nach innen zu lauschen?

Positive Psychologie

Die positive Psychologie erkennt den Wert der Stille als Werkzeug für inneres Wachstum und mentales Wohlbefinden an. Momente der Stille im Alltag zu finden, kann Stress reduzieren, die mentale Klarheit verbessern und ein tiefes Gefühl von Frieden fördern. Die Stille bietet uns die

Gelegenheit, uns selbst wieder zu verbinden und das wirklich Wichtige neu zu entdecken.

Übung 1: Meditation der inneren Stille

- Nimm dir jeden Tag mindestens fünf Minuten Zeit, um dich in Stille hinzusetzen, ohne Ablenkungen. Schließe die Augen, atme tief ein und lass die Stille dein Wesen erfüllen. Versuche nicht, deine Gedanken zu kontrollieren; beobachte einfach, wie sie auftauchen und wieder verschwinden, während die Stille zu deinem inneren Zufluchtsort wird. Du wirst merken, wie dir diese Übung hilft, Frieden und Klarheit zu finden.

Übung 2: Die Stille umarmen

- Praktiziere die Stille in verschiedenen Situationen deines Tages. Zum Beispiel, während eines Gesprächs, anstatt sofort zu antworten, mache eine Pause und denke in Stille nach, bevor du sprichst. Du wirst bemerken, wie die Stille deinen Interaktionen mehr Tiefe verleiht und dir hilft, mit mehr Weisheit und Achtsamkeit zu reagieren.

Der Jongleur des Tempels

Im Herzen der Berge von Bhutan, im Kloster von Thimphu, lebte ein älterer Mönch namens Pasang, der nicht nur für seine Weisheit bekannt war, sondern auch für seine außergewöhnliche Fähigkeit, mit verschiedenen Gegenständen zu jonglieren. Jeden Tag, während der Pausen, unterhielt Pasang die jungen Mönche mit spektakulären Vorführungen, indem er Stöcke, Kugeln und andere Gegenstände mit einer Präzision in die Luft warf, die die Gesetze der Physik zu trotzen schien.

Eines Tages, getrieben von dem Wunsch, die Kunst des Jonglierens zu erlernen, näherte sich ein junger Mönch namens Dorje dem alten Meister und fragte: „Meister, was ist das Geheimnis deines Gleichgewichts? Wie schaffst du es, alles in Bewegung zu halten, ohne die Kontrolle zu verlieren?"

Pasang, mit einem ruhigen Lächeln, legte die Kugeln ab und sah dem jungen Mönch in die Augen. „Dorje," begann er mit sanfter Stimme, „das Geheimnis liegt nicht in den schnellen Händen oder in der Technik, die ich täglich perfektioniere. Das wahre Geheimnis liegt in meinem Geist. Wenn mein Geist in Frieden ist, folgt mein Körper. Der Jongleur ist nichts anderes als ein Spiegelbild seines Geistes: Wenn es Gleichgewicht im Inneren gibt, wird alles im Äußeren seinen Platz finden. So ist es auch im Leben: Wenn wir inneren Frieden und Gleichgewicht bewahren, können wir jeder äußeren Herausforderung mit Harmonie begegnen."

Dorje beobachtete aufmerksam die nun ruhigen Hände Pasangs und erkannte, dass die Meisterschaft des Jongleurs nicht nur eine physische Fähigkeit war, sondern eine tiefe geistige Disziplin. An diesem Abend begann er, die Meditation mit größerem Engagement zu üben, in dem Bewusstsein, dass nur durch die Kultivierung inneren Friedens das ersehnte Gleichgewicht gefunden werden konnte, nicht nur im Jonglieren, sondern in jedem Aspekt des Lebens.

Zen-Philosophie

Im Zen-Buddhismus wird das Gleichgewicht als wesentlich für die Erleuchtung betrachtet. Es geht nicht nur darum, Extreme zu vermeiden, sondern darum, inneren Frieden zu finden, der es uns ermöglicht, in Harmonie mit dem Dharma, dem natürlichen Gesetz des Universums, zu leben. Wie der Jongleur, der alles in Bewegung hält, während sein Geist ruhig ist, so müssen wir einen ruhigen Geist kultivieren, um den Weg zur Erleuchtung zu gehen.

Reflexionen

Die Geschichte von Pasang und Dorje lädt uns dazu ein, über die Bedeutung des Gleichgewichts im Leben nachzudenken. Oft konzentrieren wir uns auf äußere Fähigkeiten und vergessen, dass wahres Gleichgewicht von innen kommt. Wie würde sich unser Leben verändern, wenn wir uns darauf konzentrieren würden, inneren Frieden zu kultivieren, bevor wir äußere Herausforderungen angehen? Pasang lehrt uns, dass der geistige Frieden der Schlüssel ist, um in jedem Aspekt des Lebens Harmonie zu bewahren.

Hast du jemals bemerkt, wie dein Geist deine Fähigkeit beeinflusst, schwierige Situationen zu meistern? Wie könntest du anfangen, ein größeres inneres Gleichgewicht zu kultivieren, um dein tägliches Leben zu verbessern?

Positive Psychologie

Die positive Psychologie betont die Bedeutung des emotionalen und mentalen Gleichgewichts für das allgemeine Wohlbefinden. Wenn wir mit uns selbst im Einklang sind, sind wir besser in der Lage, mit Stress und den Herausforderungen des Lebens umzugehen. Die Kultivierung des inneren Friedens ermöglicht es uns, schwierige Situationen mit größerer Widerstandskraft zu meistern und ein ruhigeres und erfüllteres Leben zu führen.

Übung 1: Meditation über das Gleichgewicht

- Nimm dir jeden Tag einige Minuten Zeit für eine Meditation, die auf das innere Gleichgewicht fokussiert ist. Setz dich an einen ruhigen Ort, schließe die Augen und konzentriere dich auf deinen Atem. Stell dir vor, du bist ein Jongleur, der alle Aspekte deines Lebens in Bewegung hält, aber mit einem ruhigen und friedlichen Geist. Achte darauf, wie diese Übung deine Stimmung und deine Fähigkeit, die täglichen Herausforderungen zu meistern, beeinflusst.

Übung 2: Balance zwischen den Lebensbereichen

- Nimm dir Zeit, um über die verschiedenen Bereiche deines Lebens nachzudenken (Arbeit, Beziehungen, Freizeit, Gesundheit). Schreibe eine Liste und bewerte, ob du jedem Bereich genügend Zeit und Energie widmest. Identifiziere mögliche Ungleichgewichte und plane kleine Veränderungen, die du vornehmen kannst, um wieder Harmonie in dein Leben zu bringen.

Der Meister und das Zerbrochene Glas

In einem abgelegenen Tempel in den heiligen Bergen von Koyasan beobachtete ein junger Schüler fasziniert seinen Meister, Lama Rinzen, wie er aus einem seltenen Kristallglas Tee trank. Trotz der Zerbrechlichkeit des Glases schien der Meister vollkommen gelassen, als ob die Möglichkeit, dass es zerbrechen könnte, ihn überhaupt nicht beunruhigte.

Getrieben von Neugierde trat der Schüler näher und fragte: "Meister, wie kannst du so ruhig bleiben, obwohl du weißt, dass ein so wertvolles Glas jederzeit zerbrechen könnte?"

Lama Rinzen lächelte, und seine Stimme klang sanft, wie der Wind, der die Blätter der alten Bäume streichelt. "Weißt du, für mich ist dieses Glas bereits zerbrochen. Jedes Mal, wenn ich es benutze, tue ich es in dem Bewusstsein, dass es eines Tages zerbrechen wird. Ich erlebe jeden Augenblick mit ihm als ein kostbares Geschenk, ohne Anhaftung. Wenn es zerbricht, werde ich keinen Schmerz oder Bedauern empfinden, sondern dankbar sein für die Zeit, die wir gemeinsam verbracht haben."

Der Schüler, tief beeindruckt von der Weisheit dieser Worte, erkannte, dass wahre Loslösung nicht bedeutet, die Bedeutung der Dinge zu leugnen, sondern sie vollständig zu schätzen, im Wissen, dass nichts für immer währt. So wurde das Kristallglas für ihn zu einem Symbol der vergänglichen Schönheit des Lebens und der Weisheit der Loslösung.

Zen-Philosophie

Im Zen-Buddhismus wird Loslösung als ein Weg zur Befreiung von Leid angesehen. Die Vergänglichkeit aller Dinge zu erkennen, ermöglicht es uns, im gegenwärtigen Moment mit größerer Achtsamkeit und Dankbarkeit zu leben, ohne durch die Angst vor Verlust gebunden zu sein. Die Zen-Praxis lehrt uns, jeden Augenblick ohne Anhaftung zu genießen und den Wandel und die Vergänglichkeit des Lebens mit Gelassenheit anzunehmen.

Reflexionen

Die Geschichte des Meisters und des zerbrochenen Glases lädt uns ein, darüber nachzudenken, wie wir unsere Beziehung zur Welt und zu den Dingen, an denen wir hängen, leben. Oft führt uns Anhaftung dazu, den Verlust zu fürchten, wodurch das Vergnügen in Angst umschlägt. Lama Rinzen lehrt uns, dass das Akzeptieren der Vergänglichkeit der Dinge uns vom Gewicht des Bedauerns befreit und uns erlaubt, die Schönheit des gegenwärtigen Moments voll zu genießen. Wenn wir die Loslösung umarmen, entdecken wir eine neue Form von Freiheit und innerem Frieden.

Positive Psychologie

Die positive Psychologie betont die Bedeutung der Entwicklung einer Haltung der Loslösung, nicht als Gleichgültigkeit, sondern als bewusste Akzeptanz. Mit dem Bewusstsein zu leben, dass alles vergänglich ist, hilft uns, Angst zu reduzieren und unser emotionales Wohlbefinden zu verbessern. Dieser Ansatz ermöglicht es uns, Verluste mit größerer

Resilienz zu bewältigen und positive Erfahrungen mehr zu genießen, ohne ständig Angst zu haben, sie zu verlieren.

Übung 1: Praktische Dankbarkeit

- Nimm dir jeden Tag einen Moment Zeit, um über einen Gegenstand nachzudenken, an dem du hängst, und reflektiere über seine Vergänglichkeit. Schätze ihn, als wäre er bereits vergangen, und beobachte, wie dieses Bewusstsein deine Wahrnehmung verändert. Diese Übung wird dir helfen, eine bewusste Haltung der Loslösung zu entwickeln.

Übung 2: Meditation über Loslösung

- Widme ein paar Minuten der Meditation, in der du dich auf eine Erfahrung oder eine Beziehung konzentrierst, deren Verlust du fürchtest. Visualisiere, wie du sie gelassen akzeptierst und die Schönheit des gegenwärtigen Moments erkennst. Diese Übung wird dir helfen, deine Fähigkeit zu stärken, ohne Anhaftungen zu leben und den Herausforderungen des Lebens mit größerer Gelassenheit zu begegnen.

Die Papierblume

In einem ruhigen Dorf an der Küste, wo die Wellen des Meeres alte Melodien flüsterten, lebte ein Fischer namens Norbu. Wenn er nicht auf See war, verbrachte Norbu seine Tage damit, zarte Papierblumen zu basteln, mit denen er sein bescheidenes Haus schmückte. Jeden Tag verwandelten seine geschickten Hände einfache Papierbögen in Kunstwerke, wobei er jede Falte mit Liebe und Hingabe formte. Sein Haus wurde zu einem Garten voller Farben, einem Zufluchtsort der Schönheit und Ruhe.

Eines Tages jedoch zog ein heftiger Sturm über das Dorf hinweg. Die stürmischen Winde und der strömende Regen verschonten die fragilen Papierblumen nicht, sie wurden zerstört und verstreut. Mit schwerem Herzen und gebrochenem Geist suchte Norbu den weisen Lama Tsultrim auf, um Trost zu finden. „Meister", sagte Norbu traurig, „ich habe alles verloren, was ich mit so viel Liebe geschaffen habe."

Lama Tsultrim, mit der Ruhe eines Menschen, der die Geheimnisse des Herzens kennt, nahm ein Stück weißes Papier. Mit geschickten und sicheren Bewegungen faltete er das Papier zu einer neuen Blume. Dann ließ er sie mit einer leichten Bewegung vom Wind davontragen. „Norbu", sagte der Meister mit einem sanften Lächeln, „die Blumen, die du erschaffst, sind wunderschön, aber wenn du dich an sie klammerst, wirst du jedes Mal leiden, wenn du sie verlierst. Nicht-Anhaftung ist wie diese Papierblume: Schaffe mit Liebe, aber lass los ohne Schmerz. Die wahre Schönheit liegt nicht im Besitz, sondern in der Freiheit, loszulassen, was wir lieben."

Diese Worte hallten in Norbus Herz wider, wie ein Echo, das sich zwischen den Bergen verliert. Er erkannte, dass Schönheit nicht darin liegt, Dinge festzuhalten, sondern in der Fähigkeit, zu lieben und dann loszulassen, im Wissen, dass nichts von Dauer ist.

Zen-Philosophie

Im Zen-Buddhismus wird Nicht-Anhaftung als ein wesentlicher Weg zur Befreiung betrachtet. Anhaftung ist eine der Hauptursachen für Leid, da sie uns an das bindet, was vergänglich und veränderlich ist. Das Leben ohne Anhaftung ermöglicht es uns, wahre Freiheit zu erleben und uns der Erleuchtung zu nähern, indem wir jeden Moment mit Präsenz und Dankbarkeit leben, aber ohne Angst vor Verlust.

Reflexionen

Die Geschichte von Norbu und seinen Papierblumen lädt uns dazu ein, über den Wert der Nicht-Anhaftung nachzudenken. Wie oft klammern wir uns an Dinge, Menschen oder Ergebnisse, aus Angst, sie zu verlieren? Und wie viel Schmerz verursacht uns diese Anhaftung? Lama Tsultrim lehrt uns, dass das Geheimnis der Gelassenheit darin liegt, ohne Besitzanspruch zu lieben, zu erschaffen, ohne sich zu binden, und loszulassen mit Dankbarkeit.

Hast du jemals darüber nachgedacht, wie viel von deinem Stress oder deinem Leid aus der Anhaftung an Dinge resultiert, die du nicht kontrollieren kannst? Wie würde sich dein Leben verändern, wenn du lernst, so leicht loszulassen, wie eine Papierblume, die sich vom Wind tragen lässt?

Positive Psychologie

Die positive Psychologie betont die Bedeutung der Nicht-Anhaftung als Mittel zur Reduzierung von Stress und Leid, die mit Verlust und Veränderung verbunden sind. Das Loslassen zu lernen, fördert ein Gefühl von Freiheit und Gelassenheit und ermöglicht es uns, in der Gegenwart zu leben, ohne Angst vor der Zukunft. Diese Haltung hilft uns, gesündere Beziehungen zu pflegen und mit mehr Authentizität und Freude zu leben.

Übung 1: Die Praxis des Loslassens

- Wähle einen Gegenstand oder eine Idee, an der du besonders hängst, und übe das Loslassen. Es kann sich um eine Erinnerung, eine Erwartung oder einen materiellen Besitz handeln. Stelle dir vor, wie du dich von dieser Anhaftung befreist, und visualisiere, wie du dich fühlen wirst, nachdem du losgelassen hast. Du wirst feststellen, dass dir diese Übung hilft, mehr Gelassenheit zu entwickeln.

Übung 2: Erschaffen ohne Anhaftung

- Nimm dir Zeit, um etwas zu erschaffen, das du liebst, im Wissen, dass du am Ende das Ergebnis loslassen wirst. Es kann ein Bild, ein Projekt oder eine einfache Aktivität sein. Konzentriere dich auf den kreativen Prozess, nicht auf das Endergebnis. Wenn du fertig bist, beobachte, wie du dich fühlst, wenn du das, was du erschaffen hast, loslässt und wie dies deine Wahrnehmung des Wertes des kreativen Prozesses beeinflusst.

Der Wind und die Wellen

An einem abgelegenen Küstenabschnitt von Okinawa, wo die Wellen des Ozeans alte Lieder flüsterten und der Wind den Sand wie ein Maler die Leinwand streichelte, beschloss ein ehrwürdiger Meister, seinen Schülern eine Lektion zu erteilen. Er führte sie zu einer Klippe, wo das Meer mit Kraft gegen die Felsen schlug und eine natürliche Symphonie aus Geräuschen und Bewegungen erzeugte. Der Himmel spannte sich wie ein weites, blaues Tuch, durchzogen von leichten Wolken, die im Rhythmus des Windes tanzten.

„Beobachtet," sagte der Meister, seine Stimme so ruhig wie die Brise, die sie umgab. „Seht, wie sich der Wind und die Wellen gemeinsam bewegen, in einem zeitlosen Tanz verflochten. Keiner der beiden versucht, den anderen zu überwältigen; es gibt keinen Kampf, nur ein harmonisches Fließen. Der Wind weht, und die Wellen antworten, sie schaffen eine perfekte Harmonie, eine Meeresmelodie, die mit dem Frieden des Universums erklingt."

Die Schüler hielten inne, lauschten dem Klang des Meeres, spürten den Wind, der durch ihre Haare wehte. In diesem Moment erkannten sie, dass die wahre Harmonie im Leben nicht aus Kontrolle oder Widerstand entsteht, sondern aus der Fähigkeit, mit dem Fluss des Daseins zu tanzen und jeden Moment, jede Veränderung als Teil einer göttlichen Choreografie zu umarmen.

So wie die Wellen dem Wind folgen, müssen auch wir lernen, dem Rhythmus des Lebens zu folgen, das anzunehmen, was kommt, ohne Widerstand, sondern jeden Moment, der uns gegeben wird, mit Anmut zu umarmen.

Zen-Philosophie

Im Zen-Buddhismus wird Harmonie als ein natürlicher Ausgleich zwischen den Kräften des Lebens und unserem Willen angesehen. Wie der Wind und die Wellen zusammen tanzen, so können auch wir Frieden finden, wenn wir lernen, mit den Umständen zu fließen, den Wandel zu akzeptieren und das Bedürfnis nach Kontrolle loszulassen. Die Zen-Praxis lehrt uns, in Einklang mit dem Universum zu leben und unsere Gelassenheit im ständigen Wandel des Lebens zu finden.

Reflexionen

Die Geschichte vom Wind und den Wellen lädt uns ein, darüber nachzudenken, wie oft wir versuchen, dem natürlichen Fluss der Ereignisse zu widerstehen, in der Hoffnung, unseren Willen auf das zu übertragen, was außerhalb unserer Kontrolle liegt. Dieser Widerstand erzeugt Spannung und Leid. Lama Sonam zeigt uns, dass wahre Harmonie nicht im Kampf gegen Veränderungen liegt, sondern in der Akzeptanz derselben, im Lernen, mit dem Fluss des Lebens zu tanzen, wie der Wind und die Wellen, die sich in perfekter Synchronität bewegen.

Positive Psychologie

Die positive Psychologie betont die Bedeutung der Entwicklung mentaler Flexibilität und Akzeptanz als Werkzeuge zur Verbesserung des emotionalen Wohlbefindens. Den Fluss des Lebens zu umarmen, anstatt sich ihm zu widersetzen, ermöglicht es uns, Herausforderungen mit größerer Gelassenheit und Resilienz zu meistern und fördert ein Gefühl inneren Friedens.

Übung 1: Der Tanz des Lebens

- Übe täglich Achtsamkeit, indem du beobachtest, wie du auf unerwartete Ereignisse reagierst. Wenn du mit einer schwierigen Situation konfrontiert wirst, stell dir vor, du seist ein Blatt, das vom Wind getragen wird, und lass dich vom natürlichen Fluss leiten, anstatt Widerstand zu leisten. Du wirst feststellen, wie diese Praxis dir hilft, Stress zu reduzieren und Harmonie in den Herausforderungen zu finden.

Übung 2: Den Wind hören

- Nimm dir jeden Tag ein paar Minuten Zeit, um in Stille zu sitzen, vorzugsweise im Freien. Schließe die Augen und konzentriere dich auf das Geräusch des Windes oder des Wassers und lasse die Natur dich den Rhythmus ihres Tanzes lehren. Diese Übung wird dir helfen, deinen Geist mit dem natürlichen Fluss des Lebens zu synchronisieren und deine Anpassungsfähigkeit zu stärken.

Der Tautropfen

An einem kalten Wintermorgen ging ein junger Mönch namens Sherab durch den Tempelgarten und bewunderte die kleinen Tautropfen, die auf den Blütenblättern der Blumen glitzerten. Lama Nyima gesellte sich zu ihm und sagte: "Sieh genau hin, Sherab. Diese Tropfen sind wie unser Leben: Sie leuchten nur einen kurzen Moment, bevor sie beim ersten Sonnenstrahl verschwinden. Aber während sie existieren, reflektieren sie das gesamte Universum in Miniatur. Das Leben ist kurz, aber wenn wir es mit Achtsamkeit leben, kann es in einem einzigen Moment das gesamte Universum widerspiegeln. Fürchte nicht die Kürze des Lebens, sondern lebe jeden Moment, als wäre er ewig."

Zen-Philosophie

Im Zen-Buddhismus wird die Vergänglichkeit als eine akzeptierte und respektierte Realität angesehen. Das Bewusstsein für die Vergänglichkeit des Lebens hilft uns, jeden Moment in seiner Fülle und Dankbarkeit zu erleben und den inneren Wert jedes Augenblicks zu erkennen.

Reflexionen

Der Tautropfen, der nur für einen kurzen Moment existiert, symbolisiert die vergängliche Natur des Lebens. Auch wenn das Leben kurz ist, kann es, wenn es bewusst gelebt wird, die Weite und Schönheit des gesamten Universums widerspiegeln.

Positive Psychologie

Das Leben als eine Ansammlung von kostbaren und vergänglichen Momenten zu betrachten, fördert die Achtsamkeit und Wertschätzung der Gegenwart. Diese Einstellung hilft, mit mehr Freude und Sinn zu leben und verringert Bedauern und Ängste in Bezug auf die Zukunft.

Übung 1: Die Achtsamkeit des Augenblicks

- Nimm dir jeden Tag einen Moment Zeit, um innezuhalten und deine Umgebung zu betrachten, als würdest du sie zum ersten Mal sehen. Es kann der Sonnenuntergang sein, eine dampfende Tasse Tee oder das Geräusch des Windes in den Bäumen. Lass diesen Moment dich mit Staunen und Dankbarkeit erfüllen und reflektiere, wie jeder Augenblick einzigartig und unwiederholbar ist.

Übung 2: Das Tautropfen-Tagebuch

- Schreibe jeden Abend vor dem Schlafengehen in dein Tagebuch drei Momente des Tages auf, die du mit voller Achtsamkeit erlebt hast. Während du über diese Augenblicke nachdenkst, versuche, die Schönheit und Bedeutung jeder Erfahrung, auch der einfachsten, zu erfassen. Diese Übung hilft dir, eine größere Aufmerksamkeit für die Details des täglichen Lebens zu entwickeln und jeden Tag bedeutungsvoller zu gestalten.

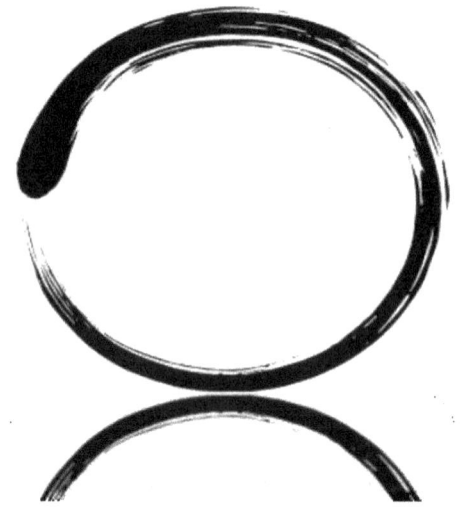

Der Kreis der Zeit

Im Garten des Tempels beobachtete ein junger Mönch namens Sönam den Schatten eines Stocks, der sich langsam über den Boden bewegte und einen perfekten Kreis zog. Lama Tsultrim, der ihn dabei sah, trat an seine Seite und sprach mit ruhiger, tiefer Stimme: „Siehst du, Sönam, die Zeit fließt wie der Schatten dieses Stocks. Alles im Leben folgt einem Zyklus: Geburt, Wachstum, Verfall und Tod. Doch am Ende kehrt alles zum Anfang zurück, wie ein unendlicher Kreis. Hänge dich nicht an einen bestimmten Moment, noch wünsche dir, dass die Zeit stehen bleibt. Akzeptiere den Kreislauf des Lebens als Teil des Weges zur Weisheit."

Sönam beobachtete weiterhin den Schatten, wie er langsam den Kreis vollendete, und eine tiefe Einsicht wuchs in ihm. Er erkannte, dass die Zeit, wie das Leben, ein unaufhaltsamer Fluss ist, ein Kreislauf, der uns alle verbindet und uns durch die verschiedenen Phasen unseres Daseins führt. Der junge Mönch verspürte eine innere Ruhe, als er sich dieser ewigen Bewegung hingab.

Von diesem Tag an begann Sönam, jede Phase seines Lebens bewusst zu durchleben, ohne an einem bestimmten Moment festzuhalten. Er lernte, den natürlichen Fluss der Zeit zu akzeptieren, wissend, dass jeder Abschnitt seines Lebens Teil eines größeren Musters war. Mit jedem vergehenden Tag vertiefte sich seine Weisheit, und er fand Frieden in der Gewissheit, dass das Leben, in all seiner Veränderlichkeit, einen harmonischen Kreislauf bildete.

Zen-Philosophie

Im Zen-Buddhismus wird der Kreislauf des Lebens als grundlegendes Prinzip betrachtet. Die Zen-Praxis hilft uns, in Harmonie mit dem Fluss der Zeit zu leben und die Vergänglichkeit und die Zirkularität aller Dinge zu akzeptieren. Indem wir den natürlichen Zyklus der Existenz anerkennen, finden wir inneren Frieden und Weisheit.

Reflexionen

Die Geschichte von Sönam und Lama Tsultrim lädt uns ein, über unsere eigene Beziehung zur Zeit nachzudenken. Oft versuchen wir, Momente festzuhalten oder den natürlichen Lauf der Zeit zu verlangsamen. Aber was würde passieren, wenn wir stattdessen den Kreislauf des Lebens umarmen und jede Phase mit derselben Gelassenheit und Akzeptanz durchleben würden?

Lama Tsultrim lehrt uns, dass wahre Weisheit darin besteht, den Fluss der Zeit zu akzeptieren, anstatt dagegen anzukämpfen. Wenn wir aufhören, uns gegen die Veränderungen zu wehren, und uns stattdessen darauf konzentrieren, in jedem Moment präsent zu sein, können wir das Leben in seiner vollen Tiefe und Schönheit erleben.

Hast du jemals versucht, den Lauf der Zeit zu akzeptieren, anstatt ihn zu bekämpfen? Wie würde sich deine Perspektive ändern, wenn du jede Phase deines Lebens als wertvollen Teil eines größeren Kreislaufs sehen würdest?

Positive Psychologie

Die positive Psychologie betont die Bedeutung der Akzeptanz des natürlichen Lebens- und Zeitkreislaufs für unser emotionales Wohlbefinden. Indem wir den ständigen Wandel des Lebens annehmen, können wir Ängste und Stress reduzieren und eine ausgeglichenere und friedvollere Lebenseinstellung entwickeln.

Übung 1: Der Kreis des Lebens

- Denke über die verschiedenen Phasen deines Lebens nach, die du durchlaufen hast, und versuche, sie als Teile eines größeren Kreislaufs zu sehen. Schreibe auf, wie jede Phase dir wichtige Lektionen beigebracht hat und wie sie dich auf die nächste Phase vorbereitet hat. Diese Übung hilft dir, den natürlichen Fluss des Lebens besser zu akzeptieren und die Veränderungen in deinem Leben als Teil eines größeren Musters zu sehen.

Übung 2: Meditation über die Vergänglichkeit

- Setze dich an einen ruhigen Ort und stelle dir vor, wie sich die Zeit wie ein Kreis bewegt, ohne Anfang und ohne Ende. Atme tief ein und aus, während du diesen Kreis visualisierst. Lasse die Gedanken über vergangene Ereignisse oder zukünftige Sorgen los und konzentriere dich auf das Jetzt, indem du den natürlichen Fluss der Zeit akzeptierst. Diese Übung fördert die Gelassenheit und das Bewusstsein für den gegenwärtigen Moment.

Die Stille des Herzens

In einem kleinen Kloster, das in den Bergen lag, lebte ein alter Mönch namens Lama Norbu, der für seine Gelassenheit bekannt war. Jeden Tag beobachteten ihn die jüngeren Mönche voller Bewunderung, begierig darauf, das Geheimnis seiner inneren Ruhe zu verstehen. Unter ihnen war Tashi, ein fleißiger Mönch, der jedoch oft unruhig war und Schwierigkeiten hatte, in seinem Alltag innere Ruhe zu finden.

Eines Tages näherte sich Tashi Lama Norbu und fragte: "Meister, wie schaffst du es, so viel Gelassenheit zu bewahren, selbst wenn alles um dich herum chaotisch ist?"

Lama Norbu lächelte und lud Tashi ein, ihm zu folgen. Er führte ihn in einen friedlichen Garten, in dem ein kleiner Bach ruhig zwischen den Felsen dahinplätscherte. Sie setzten sich neben das Wasser, und Lama Norbu sagte: "Beobachte diesen Bach, Tashi. Er fließt still und beständig, ohne sich von den Felsen beeinflussen zu lassen, die er auf seinem Weg trifft. Seine Gelassenheit hängt nicht von seiner Umgebung ab, sondern von seiner Natur."

Der junge Mönch lauschte aufmerksam, während der Meister fortfuhr: "Dein Geist, Tashi, ist wie dieser Bach. Wenn du die Gelassenheit in dir kultivierst, wird dich nichts, was um dich herum geschieht, stören können. Und wenn dein Herz in Frieden ist, wird auch die Welt um dich herum diesen Frieden widerspiegeln."

Tashi dachte über diese Worte nach und begann zu verstehen, dass wahre Gelassenheit nicht darin besteht, die äußere Welt zu kontrollieren, sondern inneren Frieden zu kultivieren. Von diesem Tag an widmete er mehr Zeit der Meditation und Reflexion, um eine ruhige und stabile Geisteshaltung zu entwickeln.

Mit der Zeit stellte Tashi fest, dass die Situationen, die ihn einst beunruhigten, an Bedeutung verloren, je mehr seine Gelassenheit wuchs. So wie Lama Norbu es gesagt hatte, begann der Frieden in seinem Herzen, die Welt um ihn herum zu beeinflussen und eine Atmosphäre der Harmonie und Ruhe zu schaffen.

Zen-Philosophie

Im Zen-Buddhismus glaubt man, dass innerer Frieden der Schlüssel ist, um eine friedlichere und harmonischere Welt zu schaffen. Die Gelassenheit des Geistes ist kein Spiegelbild der äußeren Umstände, sondern eine innere Qualität, die durch Meditation und Achtsamkeit kultiviert werden kann. Wenn der Geist in Frieden ist, wird man wie ein Bach, der ruhig zwischen den Felsen fließt, ohne sich von den Hindernissen auf seinem Weg stören zu lassen.

Reflexionen

Die Geschichte von Tashi und Lama Norbu lädt uns dazu ein, darüber nachzudenken, wie oft wir den Frieden außerhalb von uns selbst suchen und dabei vergessen, dass wahre Gelassenheit von innen kommt. In einer hektischen Welt voller Herausforderungen mag es schwierig erscheinen, ruhig zu bleiben, aber wie der Bach können wir lernen, mit Anmut und Stabilität durchs Leben zu fließen. Wie würde sich unsere tägliche

Erfahrung verändern, wenn wir einen ruhigen Geist kultivierten, unabhängig von äußeren Umständen?

Lama Norbu lehrt uns, dass Gelassenheit eine Entscheidung und eine tägliche Praxis ist. Wir können nicht alles kontrollieren, was in der Welt passiert, aber wir können entscheiden, wie wir reagieren, indem wir uns dafür entscheiden, Ruhe und inneren Frieden zu bewahren.

Positive Psychologie

Die positive Psychologie betont die Bedeutung von mentaler Gelassenheit für das allgemeine Wohlbefinden. Die Kultivierung eines ruhigen Geistes reduziert nicht nur Stress und Angst, sondern verbessert auch Beziehungen und schafft ein positiveres Umfeld um uns herum. Innerer Frieden ist eine Ressource, die wir entwickeln können und die das Potenzial hat, jeden Aspekt unseres Lebens positiv zu beeinflussen.

Übung 1: Einen Raum der Gelassenheit schaffen

- Nimm dir jeden Tag ein paar Minuten Zeit, um einen Raum der Gelassenheit zu schaffen. Finde einen ruhigen Ort, setze dich bequem hin und konzentriere dich auf deinen Atem. Stelle dir vor, dass jeder Atemzug Ruhe und Gelassenheit in deinen Geist und dein Herz bringt. Diese Übung hilft dir, eine Grundlage für inneren Frieden zu schaffen, die du in deinen Alltag mitnehmen kannst.

Übung 2: Die Reaktion beobachten

- Achte im Laufe des Tages darauf, wie du auf Ereignisse reagierst, die normalerweise Stress oder Irritationen auslösen. Anstatt sofort zu reagieren, nimm dir einen Moment Zeit, tief durchzuatmen, und beobachte deine Reaktion. Dies wird dir helfen, auch in schwierigen Situationen ruhig zu bleiben und die Fähigkeit zu entwickeln, mit Gelassenheit und Bewusstheit zu reagieren.

KAPITEL VI
Intuition, Weisheit und Erleuchtung

Der Unsichtbare Weg

In einer abgelegenen Region Nepals, wo die Berge den Himmel zu berühren scheinen und der Wald sich wie ein grünes Meer erstreckt, lebte ein junger Mönch namens Jigme. Eines Tages, als er allein spazieren ging, stand er plötzlich an einer Weggabelung in einem dichten Wald. Ohne eine Karte oder einen klaren Hinweis, welchen Pfad er wählen sollte, blieb Jigme stehen, schloss die Augen und ließ sein Herz sprechen.

Nach einem Moment der Stille verspürte er einen leichten, fast unmerklichen Impuls, dem weniger ausgetretenen Pfad zu folgen, der in das Unbekannte zu führen schien. Seinem inneren Ruf folgend, machte sich Jigme entschlossen auf den Weg. Nicht lange danach fand er sich in einem versteckten Garten wieder, einem Ort von außergewöhnlicher Schönheit und Ruhe, der schien, als existiere er außerhalb der Zeit.

Während er in die Friedlichkeit des Gartens eintauchte, erschien sein Meister, Lama Norbu, und lächelte mit der Weisheit dessen, der die Geheimnisse des Lebens kennt. "Jigme", sagte er sanft, "die Intuition ist wie eine Laterne, die unsichtbare Wege für das Auge des Verstandes erhellt. Sie ist die Stimme des Herzens, die uns leitet, wenn der Verstand nicht weiß, was zu tun ist. Du hast diesen Ort nicht durch Logik gefunden, sondern indem du auf dein tiefstes inneres Wesen gehört hast."

Jigme verstand nun, dass Intuition nicht nur ein flüchtiges Gefühl ist, sondern ein innerer Kompass, der uns zu Entdeckungen führt, die der rationale Verstand niemals voraussehen könnte. So lernte der junge Mönch, seinem Herzen zu vertrauen, im Wissen, dass es verborgene Wege kennt, die zur wahren Weisheit und zum inneren Frieden führen.

Zen-Philosophie

Im Zen-Buddhismus wird die Intuition als wertvolle Führung betrachtet, als Ausdruck unserer tiefsten Verbindung mit dem Universum. Wenn der Geist zur Ruhe kommt, kann das Herz sprechen und Wahrheiten sowie Wege offenbaren, die sonst verborgen blieben. Die Zen-Praxis fördert diese Fähigkeit, indem sie unsere Sensibilität dafür schärft, dem zu folgen, was über Logik und rationales Denken hinausgeht.

Reflexionen

Die Geschichte von Jigme und Lama Norbu lädt uns ein, über die Bedeutung des Hörens auf unsere Intuition nachzudenken. Oft verlassen wir uns nur auf Logik und rationale Analysen und verlieren dabei die Kraft unseres Herzens aus den Augen, uns auf Weisen zu führen, die wir nicht vollständig verstehen können. Die Intuition ist ein innerer Kompass, der uns mit einer tieferen Ebene der Weisheit verbindet. Wenn wir lernen, ihr zu vertrauen, können wir neue und erleuchtende Wege entdecken, die uns zur Wahrheit und zur inneren Erfüllung führen.

Positive Psychologie

Die Positive Psychologie erkennt den Wert der Intuition als innere Ressource für Entscheidungsfindung und persönliches Wohlbefinden an. Das Vertrauen in die eigene Intuition zu entwickeln, kann unsere Fähigkeit verbessern, komplexe und unsichere Situationen zu meistern, und fördert eine tiefere Verbundenheit mit uns selbst und eine größere Gelassenheit.

Übung 1: Praxis des Inneren Hörens

- Nimm dir jeden Tag ein paar Minuten Zeit, um still zu sitzen und auf dein Herz zu hören. Wenn du vor einer Entscheidung stehst, versuche, die Logik für einen Moment beiseite zu legen und zu fühlen, was dir deine Intuition sagt. Beobachte, wie dich diese Praxis zu authentischeren Entscheidungen führen kann.

Übung 2: Dem Weniger Begangenen Pfad Folgen

- Fordere dich selbst heraus, mindestens einmal am Tag eine Entscheidung oder Handlung rein auf Basis der Intuition zu treffen, auch wenn sie unlogisch erscheint. Beobachte, wohin dich dieser Weg führt und wie du dich dabei fühlst, einen weniger offensichtlichen, aber tief bedeutsamen Weg zu gehen.

Die Laterne und der Nebel

In den abgelegenen Hügeln von Bhutan, wo der Morgennebel wie gespenstische Schleier über die Täler zieht, lebte ein junger Mönch namens Sherab. Oft war sein Geist von Zweifeln und Ungewissheiten erfüllt, ein Labyrinth, in dem er sich leicht verlor und keinen klaren Weg fand. Eines Tages entschied Lama Nyima, sein Meister, ihn in einen dichten Nebel zu führen, der die Berge bei Sonnenaufgang einhüllte.

Während sie gingen, wurde der Nebel so dicht, dass es schien, als verschlinge er alles, bis nur noch das Geräusch ihrer Schritte auf dem feuchten Boden übrigblieb. Lama Nyima blieb stehen und reichte Sherab wortlos eine kleine Laterne. "Geh mit diesem Licht voran," sagte er, seine Stimme ruhig wie der Wind, der durch die Gipfel wehte. Sherab, dessen Herz schneller schlug, nahm die Laterne und begann zu gehen. Das schwache Licht erhellte nur einen kleinen Bereich vor ihm, aber es reichte aus. Jeder Schritt schien ein wenig von dem Nebel zu vertreiben, und bald enthüllte sich ein klarer, sicherer Pfad.

Nach einer Weile trat Lama Nyima an Sherab heran und sagte: "Unterscheidungsvermögen, Sherab, ist wie diese Laterne. Es zeigt dir nie den gesamten Weg, aber es erleuchtet den nächsten Schritt. Wenn du dich auf dein inneres Licht verlässt, wird sich der Nebel der Ungewissheit lichten, und dein Weg wird Schritt für Schritt sichtbar."

In diesem Moment erkannte Sherab, dass es nicht notwendig war, den gesamten Weg zu sehen, um voranzukommen. Es genügte, sich auf das innere Licht, die Weisheit, die in jedem Herzen ruht, zu verlassen, um den Weg zu finden, selbst im dichtesten Nebel.

Zen-Philosophie

Im Zen-Buddhismus gilt das Unterscheidungsvermögen als eine wesentliche Eigenschaft, die durch Meditation und Achtsamkeit kultiviert wird. Der Geist, einmal von Ablenkungen und Illusionen gereinigt, wird wie eine Laterne, die den Weg der Weisheit erleuchtet und jeden Schritt mit Klarheit und Gelassenheit führt.

Reflexionen

Die Geschichte von Sherab und Lama Nyima lädt uns ein, darüber nachzudenken, wie wir Ungewissheit und Zweifel in unserem täglichen Leben begegnen. Oftmals versuchen wir, den gesamten Weg zu sehen, bevor wir uns bewegen, gelähmt von der Angst, Fehler zu machen. Lama Nyima erinnert uns daran, dass Unterscheidungsvermögen nicht die Fähigkeit ist, weit zu sehen, sondern den richtigen Schritt im gegenwärtigen Moment zu tun. Wenn wir uns auf unser inneres Licht verlassen, auch wenn wir den gesamten Weg nicht sehen, können wir mit Zuversicht voranschreiten, im Wissen, dass jeder Schritt uns näher an Klarheit und Frieden bringt.

Positive Psychologie

Die positive Psychologie erkennt die Bedeutung des Unterscheidungsvermögens bei der effektiven Entscheidungsfindung an. Den Geist darauf zu schulen, sich auf den unmittelbaren Schritt zu konzentrieren, anstatt auf den gesamten Weg, verringert die Angst vor Ungewissheit und verbessert unsere Fähigkeit, komplexe Situationen zu bewältigen.

Übung 1: Bewusster Schritt

- Nimm dir jeden Tag einen Moment Zeit, um eine Entscheidung oder Aufgabe anzugehen, die bei dir Unsicherheit auslöst. Konzentriere dich nur auf den nächsten kleinen Schritt, den du tun kannst, ohne dich um das Endergebnis zu sorgen. Beobachte, wie dir dies hilft, dich sicherer zu bewegen.

Übung 2: Die innere Laterne entzünden

- Nimm dir einige Minuten Zeit für eine Meditation, bei der du dir vorstellst, dass du eine Laterne in deinem Herzen hältst. Visualisiere, wie das Licht den nächsten Schritt deines Weges erleuchtet und den Nebel der Zweifel und Ängste vertreibt. Beobachte, wie dir diese Übung hilft, in täglichen Entscheidungen Klarheit zu finden.

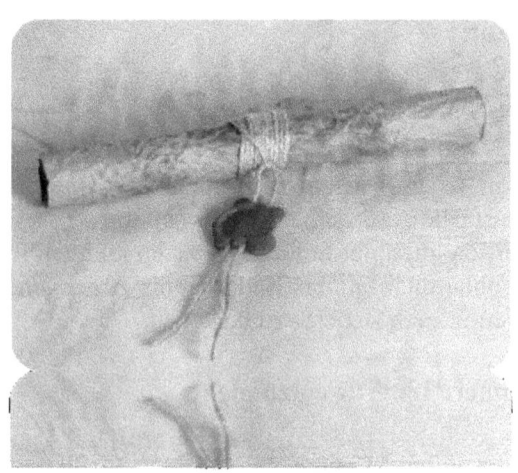

Die Verborgene Pergamentrolle

In den abgelegenen Höhen Tibets, wo der Himmel die Erde berührt und die Winde uralte, vergessene Wahrheiten flüstern, lebte ein junger Mann namens Sonam. Sein einziges Verlangen war es, die Weisheit zu erlangen, die seinen Weg erleuchten würde. Eines Tages beschloss er, den verehrten Lama Rinchen aufzusuchen, der für sein tiefes Verständnis des Lebens und seiner Herausforderungen bekannt war.

„Meister", fragte Sonam und verneigte sich ehrfürchtig, „ich sehne mich danach, Weisheit zu erlangen. Kannst du mir eine Lehre geben, die mir den Weg weist?"

Lama Rinchen, mit einem geheimnisvollen Lächeln, das die Geheimnisse des Universums zu bergen schien, reichte ihm eine alte Pergamentrolle, die in ein einfaches Tuch gewickelt war. „Nimm diese Pergamentrolle", sagte der Meister, „aber öffne sie erst, wenn du alle Herausforderungen des Lebens durchlebt hast. Nur dann wirst du bereit sein, ihre Botschaft zu verstehen."

Sonam nahm die Pergamentrolle und machte sich auf eine lange Reise, auf der er unzählige Prüfungen und Schwierigkeiten erlebte. Jahre vergingen, und der junge Mann, nun vom Leben und den Erfahrungen gezeichnet, beschloss schließlich, die Pergamentrolle zu öffnen. Mit zitternden Händen und einem Herzen voller Erwartungen entrollte er das fragile Blatt und fand dort nur diese einfachen Worte geschrieben: „Weisheit liegt nicht in dem, was du liest oder hörst, sondern in dem, was du erlebst und in deinem Herzen verstehst."

In diesem Moment erkannte Sonam, dass die wahre Weisheit kein Geschenk ist, das man von außen erhält, sondern eine Blume, die in uns durch Erfahrung und Reflexion erblüht. Mit einem Lächeln tiefer Gelassenheit erkannte er, dass die Reise selbst, mit all ihren Herausforderungen, die größte Lehre von allen gewesen war.

Zen-Philosophie

Im Zen-Buddhismus wird Weisheit als eine Qualität angesehen, die aus direkter Erfahrung und tiefem inneren Verständnis entsteht. Sie ist nichts, was man durch Lesen oder Zuhören erwirbt, sondern eine Wahrheit, die sich durch das Leben selbst offenbart, wenn wir vollständig präsent und offen für das sind, was es uns lehrt. Die Zen-Praxis lädt uns ein, mit Achtsamkeit zu leben, im Bewusstsein, dass jede Erfahrung eine Gelegenheit ist, die innere Weisheit zu kultivieren.

Reflexionen

Die Geschichte von Sonam und der verborgenen Pergamentrolle lädt uns dazu ein, darüber nachzudenken, wie oft wir Weisheit in äußeren Quellen suchen, in der Hoffnung, fertige Antworten zu finden, die uns leiten können. Doch wie Lama Rinchen uns erinnert, ist die wahre Weisheit nicht etwas, das man von außen erhält, sondern ein Prozess, der durch gelebte Erfahrung entsteht. Nur durch die Herausforderungen des Lebens mit Offenheit und Reflexion zu begegnen, können wir die Wahrheiten entdecken, die in unserem Herzen liegen.

Weisheit ist kein Ziel, das es zu erreichen gilt, sondern ein Weg, den wir beschreiten, bei dem jeder Schritt, jeder Fehler und jeder Sieg dazu beiträgt, unseren Pfad zu erleuchten.

Positive Psychologie

Die Positive Psychologie betont die Bedeutung direkter Erfahrung und persönlicher Reflexion im Prozess des Weisheitserwerbs. Sie erkennt an, dass Weisheit nicht nur durch die Anhäufung von Wissen entsteht, sondern durch die Fähigkeit, dieses Wissen mit Unterscheidungsvermögen und Mitgefühl im täglichen Leben anzuwenden.

Übung 1: Reflexion über Erfahrungen

- Nimm dir jeden Tag einen Moment Zeit, um über eine Herausforderung nachzudenken, der du begegnet bist, und darüber, was du daraus gelernt hast. Beobachte, wie diese Reflexion dir hilft, ein tieferes Verständnis von dir selbst und dem Leben zu entwickeln.

Übung 2: Bewusstes Leben

- Nimm dir Zeit, jede Erfahrung, groß oder klein, mit voller Achtsamkeit zu leben. Beobachte, wie diese Praxis dir hilft, die verborgenen Lektionen in jedem Moment deines Lebens zu erkennen und die innere Weisheit zu kultivieren.

Die Geschlossene Tür

Im alten Kloster von Sera, gelegen in den sanften Hügeln Tibets, lebte ein junger Mönch namens Norbu. Auf seinem spirituellen Weg stand er oft vor Türen, die sich unerbittlich vor ihm verschlossen. Jedes Mal, wenn er versuchte, eine dieser Türen mit aller Kraft zu öffnen, blieb sie fest verschlossen, als wollte die Welt selbst ihm den Weg verwehren.

Eines Tages, während Norbu verzweifelt an einer besonders widerstandsfähigen Tür rüttelte, beobachtete ihn sein Meister, Lama Nyima, aufmerksam. Mit einem ruhigen Lächeln trat Lama Nyima zu ihm und sagte: „Norbu, das Leben ist wie dieses Kloster, voller geschlossener Türen. Nicht alle sind dazu bestimmt, sich für uns zu öffnen, und sie mit Gewalt zu öffnen bringt oft nur Frustration. Manchmal sind diese geschlossenen Türen keine Hindernisse, sondern Zeichen, die uns auf andere Wege leiten, Wege, die wir bisher nicht in Betracht gezogen haben. Anstatt deine Energie darauf zu verschwenden, das zu öffnen, was verschlossen bleibt, halte inne und sieh dich um. Vielleicht entdeckst du einen Pfad, den du zuvor nicht bemerkt hast."

Norbu, tief beeindruckt von den Worten seines Meisters, hielt inne. Er begann, sich umzusehen und entdeckte mit Erstaunen, dass es andere Wege gab, die sich vor ihm öffneten, Wege voller neuer Möglichkeiten. Von diesem Tag an hörte er auf, gegen die geschlossenen Türen anzukämpfen, und begann, mit Neugier und Offenheit jeden neuen Weg zu erkunden, den das Schicksal ihm bot.

Zen-Philosophie

Im Zen-Buddhismus werden verschlossene Türen nicht als unüberwindbare Barrieren betrachtet, sondern als natürlicher Bestandteil des spirituellen Weges. Jede Tür, die sich nicht öffnet, ist eine Einladung, loszulassen und andere Wege zu erkunden, in der Erkenntnis, dass die Erleuchtung an unerwarteten Orten gefunden werden kann.

Reflexionen

Die Geschichte von Norbu und Lama Nyima lädt uns dazu ein, darüber nachzudenken, wie oft wir Hindernisse in unserem Leben als Feinde betrachten, die es zu überwinden gilt, anstatt sie als Zeichen zu sehen, die uns auf neue Möglichkeiten hinweisen. Was würde passieren, wenn wir, anstatt darauf zu bestehen, jede Tür zu öffnen, lernen würden, dass einige Türen dazu bestimmt sind, verschlossen zu bleiben? Wir könnten entdecken, dass der Weg zur Weisheit und zum persönlichen Wachstum nicht geradlinig verläuft, sondern aus Abzweigungen besteht, die uns in unbekannte und potenzialreiche Gebiete führen.

Das Akzeptieren geschlossener Türen bedeutet nicht, aufzugeben, sondern sich für neue Perspektiven zu öffnen und den Wandel als integralen Bestandteil unseres Weges zu akzeptieren.

Positive Psychologie

Die positive Psychologie betont die Bedeutung der Akzeptanz von Hindernissen und Herausforderungen als Chancen für Wachstum und Anpassungsfähigkeit. Die Erkenntnis, dass nicht alle Wege für uns offen sind, kann uns helfen, Resilienz und eine kreativere Denkweise zu entwickeln, die auf die Entdeckung neuer Möglichkeiten ausgerichtet ist.

Übung 1: Akzeptiere geschlossene Türen

- Denke über eine Situation in deinem Leben nach, in der du vor einer „geschlossenen Tür" standest. Anstatt darauf zu bestehen, überlege, welche neuen Möglichkeiten sich durch diese Schließung eröffnet haben. Schreibe sie auf und reflektiere darüber, wie dieser neue Weg dein Leben bereichern könnte.

Übung 2: Erkunde neue Wege

- Wähle jede Woche einen Bereich deines Lebens, in dem du dich blockiert fühlst. Nimm dir Zeit, andere Optionen zu erkunden, auch solche, die du zunächst nicht in Betracht gezogen hast. Beobachte, wie dir diese Übung hilft, deinen Geist zu öffnen und kreativere Lösungen zu finden.

Der Dunkle Übergang

In den abgelegenen Tälern Tibets, wo der Wind zwischen den Felsen heult und der Himmel ein endloses Meer von Sternen ist, stand ein uraltes Kloster, in die Berge gehauen. Lama Pasang, ein weiser alter Mönch, erzählte oft seinen Schülern von einer Erfahrung, die er vor vielen Jahren während einer seiner einsamen Meditationen in einer versteckten Höhle in den verschneiten Gipfeln gemacht hatte.

Eines Tages, als er in der tiefen Stille jener Höhle meditierte, fand er sich plötzlich in tiefes, eisiges Dunkel gehüllt. Es war eine Finsternis, so dicht, dass sie Gewicht zu haben schien, ein schwarzer Mantel, der seine Brust umklammerte und ihm den kalten Atem des Todes spüren ließ. Lama Pasang fühlte das Ende näher kommen, aber statt sich dagegen zu wehren, ergab er sich dieser Dunkelheit in völliger Gelassenheit. In diesem Moment, als ob sich eine unsichtbare Tür in ihm geöffnet hätte, explodierte ein warmes, helles Licht aus seinem Inneren, erleuchtete die gesamte Höhle und löste jede Spur von Dunkelheit auf.

„Der Tod", erklärte Lama Pasang, „ist nur ein Übergang, eine Illusion, die die Wahrheit des ewigen Lichts, das in uns wohnt, verbirgt. Nur indem wir durch diese Dunkelheit gehen, können wir unser wahres Wesen wiederentdecken."

Zen-Philosophie

Im Zen-Buddhismus wird der Tod nicht als Ende betrachtet, sondern als natürlicher Übergang in einen neuen Seinszustand. Die Praxis der Meditation hilft uns, den Tod nicht als Verlust, sondern als Gelegenheit zu begreifen, unser wahres, leuchtendes Wesen zu erkennen, das jenseits der Illusionen der materiellen Welt immer präsent ist.

Reflexionen

Die Geschichte von Lama Pasang lädt uns ein, über unser Verhältnis zum Tod und zum Unbekannten nachzudenken. Oft wurzelt die Angst vor dem Tod in der Illusion, dass er ein endgültiges Ende darstellt, ein Abgrund des Nichts. Aber was wäre, wenn wir ihn stattdessen als Übergang sehen würden, als Übergangsritus zu einem tieferen Verständnis von uns selbst? Lama Pasang lehrt uns, dass wir nur durch das Umarmen der Dunkelheit das ewige Licht entdecken können, das in uns verborgen liegt.

Wenn wir aufhören, den Tod als Ende zu fürchten, und ihn als Teil des natürlichen Lebenszyklus annehmen, können wir mit tiefer Gelassenheit leben und das Licht unserer unsterblichen Essenz widerspiegeln.

Positive Psychologie

Die positive Psychologie betont die Bedeutung, sich mit der eigenen Sterblichkeit auseinanderzusetzen, um ein erfüllteres und bedeutungsvolleres Leben zu führen. Das Erkennen, dass der Tod ein integraler Bestandteil des Lebenszyklus ist, hilft uns, die existenzielle

Angst zu reduzieren und mit größerem Bewusstsein und Intensität zu leben, indem wir jeden Moment wertschätzen.

Übung 1: Bewusstsein der Sterblichkeit

- Nimm dir jeden Tag einige Minuten Zeit, um über deine Sterblichkeit nachzudenken, nicht mit Angst, sondern mit Gelassenheit, und erkenne, dass sie dem Leben Wert und Bedeutung verleiht. Beachte, wie sich dies auf deine Lebensweise und deine täglichen Entscheidungen auswirkt.

Übung 2: Das Unbekannte annehmen

- Übe dich in der Akzeptanz des Unbekannten: Identifiziere einen Bereich in deinem Leben, in dem dich die Angst vor Unsicherheit zurückhält. Mach jeden Tag einen kleinen Schritt in Richtung Akzeptanz dessen, was du nicht kontrollieren kannst, und stelle dir vor, wie du mit Vertrauen durch die Dunkelheit gehst, im Wissen, dass in dir ein ewiges Licht leuchtet.

Der Widerschein des Mondes

In einem abgelegenen Kloster, versteckt zwischen den einsamen Gipfeln der Berge, lebte ein alter Mönch namens Lama Dorje, bekannt für seine immense Weisheit, die wie ein Stern in der Dunkelheit der Nacht leuchtete. Eines Abends, als die Stille den Tempel wie eine Schneedecke umhüllte, näherte sich ein junger Mönch namens Tashi ihm, sein Herz schwer von unausgesprochenen Fragen.

"Meister", begann Tashi, seine Stimme zitterte vor Frustration, "jeden Tag tauche ich in die Meditation ein, und doch scheint mir das Licht der Erleuchtung immer zu entgleiten, wie ein Trugbild, das sich auflöst, sobald ich es erreiche." Lama Dorje, mit der Ruhe eines Menschen, der bereits die Abgründe der Seele durchschritten hatte, antwortete nicht sofort. Mit einer stillen Geste lud er Tashi ein, ihm nach draußen unter den weiten Nachthimmel zu folgen. Der Mond, voll und leuchtend, dominierte den Horizont und warf seinen blassen Schein auf die Berge.

"Blick auf den Mond, Tashi", sagte der Meister schließlich, seine Stimme ein Flüstern, das sich mit dem Nachtwind vereinte. "Er leuchtet, doch strahlt er kein eigenes Licht aus. Er spiegelt nur das Licht der Sonne wider, das in diesem Moment unseren Augen verborgen ist. So ist es auch mit der

Erleuchtung: Sie ist kein Ziel, das du erreichen musst, kein Feuer, das du entfachen musst. Sie ist ein Licht, das bereits in dir scheint, nur verdeckt durch die Wolken des Egos und der Illusionen. Versuche nicht, es zu schaffen, sondern lerne, es zu reflektieren, es aus der Tiefe deines Wesens hervortreten zu lassen."

Tashi hob den Blick zum Mond, und in diesem Moment schien ein Schleier von seinen Augen zu fallen. Er verstand, dass die Erleuchtung keine Errungenschaft, kein fernes Ziel war, sondern ein Zustand des Seins, eine bereits in ihm vorhandene Realität, die nur darauf wartete, erkannt zu werden. Mit leichtem Herzen begriff er, dass das Licht, das er suchte, nichts anderes war als der Widerschein seiner wahren Natur, bereits vollkommen und vollständig.

Zen-Philosophie

Im Zen-Buddhismus ist die Erleuchtung kein fernes Ziel, sondern die Erkenntnis unserer wahren Natur, die bereits strahlend und präsent ist. Die Zen-Praxis hilft dabei, die Wolken der Unwissenheit und des Egos aufzulösen, die dieses innere Licht verdunkeln, und uns zu ermöglichen, die universelle Wahrheit zu reflektieren.

Reflexionen

Was können wir vom Widerschein des Mondes lernen?

Wie können wir dieses Verständnis auf unsere innere Suche anwenden?

Die Geschichte von Tashi und Lama Dorje lädt uns ein, über die Natur der Erleuchtung nachzudenken. Oft sehen wir sie als etwas Äußeres, ein Ziel, das wir durch unermüdliche Anstrengungen erreichen müssen. Doch was würde geschehen, wenn wir erkennen würden, dass die Erleuchtung bereits in uns ist, dass wir sie nicht schaffen, sondern nur von den Wolken befreien müssen, die sie verdecken?

Lama Dorje führt uns zur Erkenntnis, dass wahre Erleuchtung kein Ziel ist, sondern ein Erkennen unseres inneren Lichts, eines Lichts, das nicht entzündet werden muss, sondern einfach erlaubt werden muss, zu leuchten.

Hast du jemals etwas so eifrig gesucht, dass du nicht bemerkt hast, dass es bereits in dir war?

Wie würde sich dein Leben verändern, wenn du wüsstest, dass das Licht, das du suchst, bereits in dir vorhanden ist und nur darauf wartet, dass du es von den Illusionen befreist, die es verbergen?

Positive Psychologie

Die positive Psychologie betont die Bedeutung des Erkennens und Kultivierens der positiven Qualitäten, die bereits in uns liegen, anstatt ständig nach einem idealen äußeren Zustand zu streben. Dieser Ansatz stimmt mit der Idee überein, dass Erleuchtung oder persönliche Verwirklichung keine fernen Ziele sind, sondern ein Prozess des Wiederentdeckens und Wertschätzens unserer inneren Ressourcen. Das Verständnis, dass das innere Licht bereits vorhanden ist, reduziert den Druck, einen perfekten Zustand erreichen zu müssen, und fördert stattdessen eine Gelassenheit, die auf der Erkenntnis basiert, dass wir bereits so gut sind, wie wir sind.

Übung 1: Meditation über das innere Licht

- Finde einen ruhigen Ort, an dem du dich bequem hinsetzen kannst. Schließe die Augen und konzentriere dich auf deinen Atem, während du langsam alle Spannungen loslässt. Stelle dir ein warmes, helles Licht in der Mitte deiner Brust vor, ein Licht, das dein wahres Wesen darstellt. Mit jedem Atemzug stelle dir vor, wie dieses Licht immer heller wird und sich in dir ausdehnt, dich mit Wärme und Gelassenheit erfüllt.

- Lasse dieses Licht deinen ganzen Körper und deinen Geist ausfüllen, löse dabei alle Zweifel, Ängste oder Negativität auf. Bleibe für einige Minuten in diesem Zustand und lasse das Licht dich vollständig umhüllen.
- Wenn du bereit bist, bringe deine Aufmerksamkeit langsam zurück in die Gegenwart und öffne deine Augen, indem du die Bewusstheit deines inneren Lichts mit in deinen Tag nimmst.

Übung 2: Dankbarkeitstagebuch für innere Ressourcen

- Nimm dir jeden Abend vor dem Schlafengehen ein paar Minuten Zeit, um drei positive Qualitäten oder innere Ressourcen aufzuschreiben, die du an dir selbst während des Tages erkannt hast. Es kann eine freundliche Tat sein, Geduld, innere Stärke oder eine andere Eigenschaft, auf die du stolz bist.
- Durch das Nachdenken über diese Qualitäten wirst du erkennen, dass du bereits viele der Ressourcen in dir trägst, die du im Außen suchst. Diese Übung hilft dir, ein größeres Bewusstsein für deinen inneren Wert zu entwickeln und stärkt das Vertrauen in deine Fähigkeit, die Herausforderungen des Lebens mit Gelassenheit und innerer Stärke zu meistern.

Der unsichtbare Pfadt

In einem abgelegenen Kloster, tief in den Bergen, lebte ein junger Mönch namens Sherab. Sherab war ehrgeizig und strebte danach, so weise und erleuchtet zu werden wie die großen Meister, die vor ihm kamen. Jeden Tag studierte er die Schriften der Weisen, versuchte, ihre Worte zu verstehen und ihre Lehren nachzuvollziehen. Doch trotz all seiner Bemühungen fühlte er sich oft verloren und verwirrt.

Eines Tages bemerkte sein Meister, Lama Kunga, Sherabs Unruhe und führte ihn auf einen versteckten Pfad durch den Wald, der zu einem friedlichen Ort zwischen den Bäumen führte. Sie setzten sich auf einen Felsen, und Lama Kunga sprach mit einer ruhigen, weisen Stimme: „Sherab, warum versuchst du so sehr, den Fußspuren der Weisen zu folgen?"

Sherab, überrascht von der Frage, antwortete: „Weil ich hoffe, so weise zu werden wie sie, Meister."

Lama Kunga lächelte sanft und sagte: „Die Weisen hinterließen uns ihre Lehren, aber sie waren auf ihrer eigenen Suche nach der Wahrheit. Sie fanden ihre eigenen Antworten. Wenn du ihnen nur folgst, ohne selbst zu suchen, wirst du nie wirklich die Wahrheit finden. Es ist nicht wichtig, ihre Fußspuren zu kopieren; wichtig ist, wonach sie gesucht haben."

Diese Worte drangen tief in Sherabs Herz ein. Er erkannte, dass er nicht versuchen sollte, die Weisheit der Alten einfach zu imitieren, sondern seine eigene Wahrheit finden musste. Von diesem Tag an begann Sherab, seine eigenen Fragen zu stellen, seine eigenen Erfahrungen zu machen und die Welt durch seine eigenen Augen zu sehen.

Zen-Philosophie

Im Zen-Buddhismus wird gelehrt, dass der Weg zur Weisheit nicht darin besteht, blind den Fußspuren anderer zu folgen, sondern darin, den eigenen Pfad zu finden. Zen ermutigt dazu, die Wahrheit selbst zu suchen, anstatt sich auf vorgefertigte Antworten zu verlassen. Die Lehren der Weisen dienen als Wegweiser, doch der wahre Pfad zur Erleuchtung ist unsichtbar und individuell. Jeder Mensch muss seine eigenen Erfahrungen machen und seine eigene Erkenntnis erlangen. Der Zen-Weg betont die Wichtigkeit des unmittelbaren Erlebens und der Selbstentdeckung. Nur durch das Loslassen von Nachahmung und das authentische Streben nach Erkenntnis kann die tiefere Wahrheit des Lebens offenbart werden.

Reflexionen

Die Geschichte von Sherab und Lama Kunga lehrt uns, dass es wichtig ist, unseren eigenen Weg zu finden, anstatt blind den Spuren anderer zu folgen. Es ist einfach, die Worte der Weisen zu wiederholen, aber viel schwieriger und wichtiger, die gleiche Tiefe der Wahrheit selbst zu erfahren. Jeder Mensch hat seine eigene Reise, seine eigenen Lektionen und seine eigene Wahrheit, die er entdecken muss.

Positive Psychologie

In der positiven Psychologie wird betont, wie wichtig es ist, ein authentisches Leben zu führen, das auf persönlicher Bedeutung und Wahrheit basiert. Anstatt zu versuchen, das Leben anderer zu kopieren, sollten wir uns darauf konzentrieren, unseren eigenen Weg zu finden und zu definieren, was für uns wirklich wichtig ist. Dies fördert ein tiefes Gefühl der Erfüllung und des inneren Friedens.

Übung 1: Die Reise nach innen

- Nehmen Sie sich jeden Tag etwas Zeit, um sich zu fragen, was Ihre eigene Wahrheit ist. Schreiben Sie diese Gedanken in ein Tagebuch und reflektieren Sie, wie Sie Ihre eigene Weisheit und Wahrheit in Ihrem täglichen Leben anwenden können, ohne sich zu sehr auf die Weisheit anderer zu verlassen.

Übung 2: Authentische Ziele setzen

- Denken Sie über Ihre Ziele im Leben nach und fragen Sie sich, ob sie wirklich Ihre eigenen sind oder ob Sie von den Erwartungen anderer beeinflusst wurden. Setzen Sie sich bewusst Ziele, die authentisch und für Sie von Bedeutung sind, und erstellen Sie einen Plan, wie Sie diese Ziele erreichen können.

Die Rückkehr zur Quelle

In einem versteckten Kloster zwischen den schneebedeckten Gipfeln der tibetischen Berge lebte ein junger Mönch namens Tsewang. Trotz seines jungen Alters wurde Tsewang für seine Hingabe und seinen Wunsch, Erleuchtung zu erreichen, sehr respektiert. Jeden Tag vertiefte er sich in tiefe Meditationen und studierte eifrig die heiligen Schriften, überzeugt davon, dass der Schlüssel zur Erleuchtung im Wissen und in rigoroser Praxis lag.

Eines Tages lud Lama Dorje, der Meister des Klosters, ihn zu einem Spaziergang im Wald ein. Während sie gingen, fragte Lama Dorje: „Tsewang, was denkst du, was Erleuchtung ist?"

Tsewang, dessen Augen vor Begeisterung leuchteten, antwortete: „Meister, ich glaube, dass Erleuchtung das tiefe Verständnis der universellen Wahrheit ist, etwas, das man nur nach Jahren des Studiums und der Meditation erlangt."

Der Lama lächelte sanft und führte ihn zu einer Quelle, die klar aus dem Felsen sprudelte. „Sieh dir dieses Wasser an", sagte Lama Dorje. „Es kommt aus den Tiefen der Erde, aber am Ende kehrt es immer zum Meer zurück, zu seinem Ursprung. So ist es auch mit der Erleuchtung, Tsewang.

Sie ist nichts, was man weit weg findet, noch ist sie das Ergebnis einer langen Reise. Die Erleuchtung ist einfach die Rückkehr zu unserer ursprünglichen Natur, zu dem, was wir von Anfang an waren. Sie ist die Wiederentdeckung jener Reinheit und Einfachheit, die im Zentrum unseres Wesens liegt."

Tsewang schwieg, während er das klare Wasser beobachtete, das vor ihm floss. Zum ersten Mal erkannte er, dass die Erleuchtung nichts Äußeres war, das man erreichen musste, sondern eher eine Rückkehr zu sich selbst, zu seiner authentischsten Essenz.

Von diesem Tag an begann Tsewang, die Meditation mit einer neuen Perspektive zu praktizieren. Er versuchte nicht mehr, Wissen oder Erfahrungen anzusammeln, sondern ließ vielmehr alles los, was ihn von seiner wahren Natur trennte. Mit der Zeit entdeckte er einen tiefen und dauerhaften Frieden und erkannte, dass die Erleuchtung immer in ihm gewesen war, verborgen unter Schichten von Illusionen und Wünschen.

Zen-Philosophie

Im Zen-Buddhismus wird die Erleuchtung nicht als fernes Ziel gesehen, das durch Anstrengung und Praxis erreicht wird, sondern als Rückkehr zu seiner ursprünglichen Natur. Sie ist das Erwachen zur Wahrheit, die immer in uns war, aber durch Unwissenheit und Illusionen verdeckt wurde. Die Erleuchtung ist die Wiederentdeckung unserer reinsten und einfachsten Essenz, die jenseits von allen Konditionierungen und Gedanken existiert.

Reflexionen

Die Geschichte von Tsewang und Lama Dorje lädt uns ein, darüber nachzudenken, was Erleuchtung wirklich bedeutet. Oft suchen wir Antworten und Wahrheiten außerhalb von uns, in dem Glauben, dass die Erleuchtung etwas Fernes und Schwer zu Erreichendes ist. Aber was wäre, wenn wir beginnen würden, in uns selbst zu schauen und zu erkennen, dass unsere wahre Natur bereits erleuchtet ist, nur verdeckt von Schichten falscher Gedanken und Überzeugungen?

Lama Dorje lehrt uns, dass der Weg zur Erleuchtung keine Bewegung nach außen ist, sondern eine Rückkehr nach innen. Wir müssen nicht versuchen, etwas anderes zu sein, sondern vielmehr wiederentdecken, wer wir wirklich sind.

Positive Psychologie

Die positive Psychologie lehrt uns, dass wahres Glück und Erfüllung nicht im Ansammeln von Erfolgen oder materiellen Gütern zu finden sind, sondern im Wiederentdecken und Pflegen unserer authentischen Natur. Die Rückkehr zu dem, was wir wirklich sind, befreit uns von den Masken und Rollen, die wir uns auferlegt haben, und ist der Schlüssel zu einem erfüllten und sinnvollen Leben. Selbstbewusstsein und Authentizität sind grundlegend für das mentale und emotionale Wohlbefinden.

Übung 1: Meditation zur Rückkehr zur Quelle

- Setze dich an einen ruhigen Ort und schließe die Augen. Stelle dir vor, du bist wie ein Fluss, der zum Meer fließt. Visualisiere, wie du alle Sorgen, Gedanken und Erwartungen loslässt und langsam zu deiner Quelle, zu deiner ursprünglichen Natur, zurückkehrst. Diese Übung hilft dir, dich mit deiner reinsten Essenz zu verbinden und die Strukturen loszulassen, die dich von ihr trennen.

Übung 2: Einen Brief an dich selbst schreiben

- Nimm dir Zeit, um einen Brief an dich selbst zu schreiben, als würdest du ihn an dein authentischstes Selbst richten. Drücke aus, wer du wirklich bist, ohne die Etiketten oder Rollen, die du im Leben übernommen hast. Diese Übung wird dir helfen, dich mit deiner wahren Natur zu verbinden und dich daran zu erinnern, wer du jenseits der Erwartungen und des äußeren Drucks bist.

Der Garten und die Vergänglichkeit

In einem ruhigen Dorf, versteckt zwischen den Bergen, gab es einen Garten, der von einem alten Mönch namens Dorje mit großer Liebe gepflegt wurde. Jeden Tag erwachte Dorje bei Sonnenaufgang, um sich um die Blumen zu kümmern, ihnen mit Sorgfalt Wasser zu geben und die Unkräuter sorgfältig zu entfernen. Unter seiner Pflege blühten die Blumen prächtig und füllten den Garten mit Farben und Düften.

Eines Tages näherte sich ein junger Mönch namens Sherab dem alten Dorje, während dieser die Zweige eines Strauches schnitt. „Meister", sagte Sherab mit besorgtem Ton, „trotz all deiner Mühe habe ich bemerkt, dass einige Blumen schnell verwelken und das Unkraut ständig nachwächst. Ist es nicht frustrierend zu sehen, dass deine Arbeit diese Dinge nicht verhindern kann?"

Dorje hielt inne und lächelte weise. „Sherab", antwortete er, „der Garten ist wie das Leben selbst. Wir können nicht verhindern, dass die Blumen verwelken, und wir können das Wachstum des Unkrauts nicht stoppen. Diese Ereignisse liegen außerhalb unserer Kontrolle. Vergänglichkeit ist ein Teil der Natur. Aber was wir tun können, ist, den Garten mit Liebe zu pflegen und zu akzeptieren, dass alles, was geboren wird, eines Tages welken muss."

Sherab schwieg und dachte über die Worte seines Meisters nach, während Dorje fortfuhr: „Jede Blume, die fällt, erinnert uns an die Schönheit und Zerbrechlichkeit des Lebens. Das Unkraut lehrt uns hingegen, wie wichtig es ist, über unseren Geist und unser Herz zu wachen. Auch wenn wir nicht alles kontrollieren können, können wir wählen, wie wir reagieren und wie wir unsere innere Ruhe pflegen."

Mit der Zeit lernte Sherab, den Garten mit einer neuen Einstellung zu pflegen und sowohl die Schönheit als auch die Vergänglichkeit als wesentliche Teile des Lebens zu akzeptieren. Er erkannte, dass der wahre Garten, den es zu pflegen galt, sein eigenes Herz war, in dem die Blumen der Weisheit trotz der Unsicherheit und des Wandels blühen konnten.

Zen-Philosophie

Im Zen-Buddhismus wird die Vergänglichkeit als eine grundlegende Wahrheit des Lebens betrachtet. Nichts ist statisch, alles ist im ständigen Wandel. Das Akzeptieren der Vergänglichkeit hilft uns, im Einklang mit der Natur der Dinge zu leben, ohne uns an das zu klammern, was vergänglich ist. Die Achtsamkeit gegenüber dieser Realität ermöglicht es uns, jeden Moment so zu schätzen, wie er ist, ohne Angst vor Veränderungen.

Reflexionen

Die Geschichte von Dorje und Sherab lädt uns dazu ein, darüber nachzudenken, wie wir der Vergänglichkeit in unserem Leben begegnen. Oft klammern wir uns an die schönen Dinge und wünschen uns, dass sie für immer andauern, während wir gegen das kämpfen, was wir nicht wollen, wie das Unkraut im Garten. Was wäre, wenn wir die Vergänglichkeit stattdessen als einen integralen Bestandteil des Lebens umarmten? Wie würde sich unsere Wahrnehmung der Welt verändern, wenn wir akzeptierten, dass Schönheit und Vergänglichkeit, Wachstum und Verfall alle Ausdruck derselben Natur sind?

Lama Dorje lehrt uns, dass Gelassenheit nicht darin besteht, zu versuchen, das Unkontrollierbare zu beherrschen, sondern darin, einen Geist und ein Herz zu kultivieren, die bereit sind, alles, was das Leben uns bringt, mit Gleichmut anzunehmen.

Positive Psychologie

Die positive Psychologie ermutigt uns, die Vergänglichkeit als natürlichen Teil des Lebens zu akzeptieren. Die Umarmung von Veränderung und Vergänglichkeit hilft uns, Stress und Angst abzubauen und unser emotionales Wohlbefinden zu verbessern. Das Akzeptieren der Vergänglichkeit ermöglicht es uns, im Hier und Jetzt mit mehr Dankbarkeit und weniger Anhaftung zu leben, da wir erkennen, dass jeder Moment kostbar ist, gerade weil er flüchtig ist.

Übung 1: Akzeptanz üben

- Jedes Mal, wenn du in deinem Leben mit einer Veränderung oder einem Verlust konfrontiert wirst, nimm dir einen Moment Zeit, um die Vergänglichkeit aller Dinge zu erkennen. Anstatt Widerstand zu leisten, versuche, Frieden in der Akzeptanz des natürlichen Flusses der Ereignisse zu finden. Schreibe in ein Tagebuch, wie dir diese Praxis hilft, mehr innere Gelassenheit zu entwickeln.

Übung 2: Den inneren Garten pflegen

- Stelle dir vor, dein Geist und dein Herz seien ein Garten. Nimm dir jeden Tag ein paar Minuten Zeit, um dir vorzustellen, wie du diesen Garten pflegst, indem du die Unkräuter negativer Gedanken entfernst und die Samen von Positivität und Weisheit pflanzt. Diese Übung hilft dir, deinen Geist und dein Herz im Einklang mit dem Prinzip der Vergänglichkeit zu halten.

Abschließende Gedanken

Liebe Leserin, lieber Leser,

während du das Ende dieses Buches erreichst, lade ich dich ein, über die Reise nachzudenken, die du durch diese Seiten unternommen hast. Jede Geschichte, jede Reflexion und jede Übung hat dir die Möglichkeit gegeben, dein Inneres zu erkunden, neue Perspektiven zu entdecken und dich einer größeren Achtsamkeit und inneren Ruhe anzunähern. Doch der wahre Wert dieser Reise liegt nicht nur im Lesen, sondern in der täglichen Praxis dessen, was du gelernt hast.

Die Bedeutung der täglichen Praxis

Die Weisheit, der du in diesen Geschichten begegnet bist, kann dein Leben nur dann verwandeln, wenn du sie beständig pflegst. Die tägliche Praxis ist der Schlüssel, um Achtsamkeit und innere Ruhe in dein Leben zu integrieren. Es muss nichts Komplexes oder Zeitaufwändiges sein; selbst kleine Gesten, wie ein paar Minuten Meditation, das Nachdenken über einen Satz, der dich berührt hat, oder das Ausführen einer einfachen Übung, können eine tiefgreifende Wirkung haben. Denke daran, dass es bei der Praxis nicht um Perfektion geht, sondern um Präsenz. Jeder Tag bietet eine neue Gelegenheit, dich mit dir selbst und dem gegenwärtigen Moment zu verbinden.

Den Weg zu Achtsamkeit und innerer Ruhe fortsetzen

Nun, da du dieses Buch abgeschlossen hast, endet der Weg zu Achtsamkeit und innerer Ruhe nicht – im Gegenteil, er beginnt erst. Die Lektionen, die du hier gelernt hast, sind wie Samen, die du im Garten deines Geistes gesät hast. Mit Fürsorge, Aufmerksamkeit und Hingabe werden diese Samen wachsen und Früchte der Gelassenheit, Weisheit und des Friedens tragen. Ich ermutige dich, weiterhin zu erkunden, neue Lehren zu suchen und das Gelernte in die Tat umzusetzen.

Der Weg zur Achtsamkeit ist eine fortwährende Reise. Es wird Momente der Herausforderung und Schwierigkeiten geben, aber erinnere dich daran, dass die Praxis gerade in diesen Momenten am wertvollsten ist. Jedes Hindernis ist eine Gelegenheit zu wachsen, jede Schwierigkeit eine Lektion, die gelernt werden will. Vertraue dem Prozess und erlaube dir, in deinem eigenen Tempo zu wachsen.

Abschließend hoffe ich, dass dir dieses Buch wertvolle Werkzeuge für dein persönliches und spirituelles Wachstum an die Hand gegeben hat. Mögest du die hier gesammelte Weisheit mit dir tragen und sie nutzen, um ein bewussteres, ausgeglicheneres und harmonischeres Leben im Einklang mit deinem inneren Selbst zu gestalten.

Danke, dass du diese Reise mit mir geteilt hast. Möge der Weg, den du eingeschlagen hast, dich weiterhin zu tiefem Frieden und erleuchtender Achtsamkeit führen.

Mit Dankbarkeit,

Tenzin Dolma Lhamo

Se diese Geschichten deine Selbstreflexion und die in dir verborgene Weisheit angeregt haben oder dir einfach Denkanstöße gegeben haben, wäre eine ehrlich Rezension auf Amazon die beste Möglichkeit, deine Wertschätzung auszudrücken!

Deine Stimme hat Gewicht. Indem du deine Gedanken zu meinem Buch teilst, hilfst du nicht nur anderen Lesern bei ihrer Entscheidung, sondern wirst aktiv an der Verbesserung meiner zukünftigen Werke mitwirken.

SCANN DEN QR-CODE

https://www.amazon.de/review/create-review/?asin=1801203563

www.ingramcontent.com/pod-product-compliance
Lightning Source LLC
Chambersburg PA
CBHW051935160426
43198CB00013B/2158